算法经济

商业逻辑与人类生活的智能演进

The Economy of Algorithms: AI and the Rise of the Digital Minions

[波兰]马雷克·科沃克维奇　Marek Kowalkiewicz —— 著

旎旎 —— 译

浙江大学出版社

·杭州·

图书在版编目（CIP）数据

算法经济：商业逻辑与人类生活的智能演进 /（波）马雷克·科沃克维奇著；旎旎译. -- 杭州：浙江大学出版社，2024.9. -- ISBN 978-7-308-25151-8

Ⅰ. F0

中国国家版本馆CIP数据核字第2024J5X930号

THE ECONOMY OF ALGORITHMS: AI AND THE RISE OF THE DIGITAL MINIONS by MAREK KOWALKIEWICZ

Copyright © 2023 BY MAREK KOWALKIEWICZ

This edition arranged with Schwartz Books Trust trading as "La Trobe University Press"

through BIG APPLE AGENCY, LABUAN, MALAYSIA.

Simplified Chinese edition copyright:

2024 Hangzhou Blue Lion Cultural & Creative Co., Ltd.

All rights reserved.

浙江省版权局著作权合同登记图字：11-2024-268

算法经济：商业逻辑与人类生活的智能演进

（波兰）马雷克·科沃克维奇　著

旎　旎　译

策　　划	杭州蓝狮子文化创意股份有限公司
责任编辑	黄兆宁
责任校对	陈　欣
封面设计	邵一峰
出版发行	浙江大学出版社
	（杭州市天目山路148号　邮政编码　310007）
	（网址：http://www.zjupress.com）
排　　版	杭州林智广告有限公司
印　　刷	杭州钱江彩色印务有限公司
开　　本	710mm×1000mm　1/16
印　　张	12.5
字　　数	193千
版 印 次	2024年9月第1版　2024年9月第1次印刷
书　　号	ISBN 978-7-308-25151-8
定　　价	69.00元

版权所有　侵权必究　　印装差错　负责调换

浙江大学出版社市场运营中心联系方式：0571-88925591；http://zjdxcbs.tmall.com

致安妮塔 (Anetta)、菲利普（Filip）和佐菲亚（Zofia），我生命中的永恒之光们。

前言 PREFACE

新算法经济时代

"反对算法裁决!"

位于伦敦核心地带,西敏寺旁,距离世界著名的大本钟只有一步之遥,有一条古老的街道名为大史密斯街,与泰晤士河并行。如同那条河流,这条街道见证了这座城市的繁荣历程——其中自然也包括了信息技术的壮丽篇章。阿达·洛芙莱斯,被尊誉为全球首位计算机程序员,于1815年12月在这片土地降生。约一个世纪之后的1912年6月,现代计算机科学之父艾伦·图灵(Alan Turing),因在二战中破解恩尼格玛密码机而声名鹊起,同样在这附近出生。洛芙莱斯和图灵展现了算法之美及其改变世界的潜能。他们或许曾在这条充满历史的街道上漫步,沉浸在工作的思考中。

但在2020年8月16日的那个星期日,这条街的平静被彻底打破。与洛芙莱斯和图灵生活时期的宁静形成鲜明对比,那天的街道充满了动荡与不安。

"反对算法裁决!"呼声传遍大街小巷。

数百名学生在大史密斯街20号的教育部门前聚集,表达着他们对现状的强烈不满。这批学生不幸成为预测性算法的受害者,这种算法决定了他们的未来,而他们坚决不接受此种安排。

那么,究竟什么是算法?从本质上定义,算法是一系列用于解决问题或执行特定任务的有序步骤。如果用日常的语言来描述，我更喜欢把它看作计算机执行任务的"食谱"。没有算法，计算机就失去了功能性。它们依赖算法执行计算、做出预测、优化流程，以及完成为人类生活带来便利的众多任务。有的算法简单易懂，而有的则复杂到连领域专家也无法完全掌握。

"反对算法裁决！"

让我们再回到这场发生在大史密斯街的事件。

2020年，受到新冠疫情的冲击，英国的学生无法参加他们的A-level和GCSE（分别相当于中国的高考和中考）考试。这些考试对他们的未来至关重要，因为大部分大学是以这些成绩为录取依据的。如果学生的成绩不达标，他们可能会失去进入心仪大学的机会。

为了解决这一难题，英格兰的资格和考试监管机构（Office of Qualifications and Examinations Regulation，简称Ofqual）决定采用一种算法来估测学生因新冠疫情缺失的考试成绩。此算法的具体操作流程如下：首先，以教师为学生预测的分数和学生在学校的综合排名作为输入数据。随后，将学校在过去3年的历史成绩分布作为参考。最终，结合学生在相应科目之前的考试成绩进行整合和计算。这是针对学校规模较大的学生制定的算法策略。对于规模较小的学校，如果某科学生人数不超过15名，算法将仅根据教师为其预测的分数进行成绩估算。

这种做法直接引发了学生的大规模抗议。通常在私立学校中，学生数量相对较少，这部分学生因为受到教师乐观的评估预测，往往会出现"分数过高"的现象：算法根据教师的预测给予了他们较高的成绩。但对于其他绝大多数学生，他们受到"历史固化"的影响：如果他们所在的学校过去的整体成绩不佳，那么不论这些学生做出了多大的努力，他们的成绩都可能会被历史数据所限制。这种算法设计的核心是确保成绩与过去几年的分布具有一致性。因此，如果在过去3年内，某学校没有A等级的学生，那么2020年这所学校的学生同样难以获得A等级评价。当Ofqual公布算法决策结果时，将近36%的学生成绩低于教师预期，且有3%的学生成绩比预期低两个等级。这导致约1.5万名学生失去了进入他们首选大学的机会，所以，众多学生愤然走上街头，表达对此的强烈不满。

学生们的努力最终得到了回应。在8月17日，也就是抗议开始的第二天，

Ofqual 宣布接受提议，决定以教师预测的分数为准，而非算法计算出的成绩。想象一下，无数学生的人生轨迹都将因这个决定而改变。

类似 Ofqual 这样的组织有很多，包括小型企业、跨国公司和政府机关，都试图借助算法优化其运作流程。但在实践中他们往往显得力不从心。一个普遍的趋势是：他们过于依赖一个尚未完善的算法，赋予它过多的决策权。

洛芙莱斯或图灵能否预测到在 21 世纪人们会因为一个算法的冷漠和机械化处理而走上街头？鉴于他们独到的前瞻性，或许他们也曾有过此种预感。

当我亲眼见证那场震撼的抗议活动时，我深深感受到：算法不再只是指定计算机操作流程的简单代码。虽然从技术维度来说，这是它们的核心功能，但其在实际生活中的影响力已经超越了这个界定。现如今，算法已经重塑了我们的日常生活、职业习惯乃至思维模式。有时，它们的失误会让人深感失望，迫使我们重新审视其价值；但在其他时刻，它们也为我们创造了前所未有的便利。它们在深层次上，甚至是在我们还未完全认识的维度上，正在重新定义我们的生活方式。我们真实地生活在算法经济时代。

当我在 2023 年初完成这本书的初稿时，全社会都在深入研究 GPT-4（另一个算法）所带来的深远影响，它是一种表现出卓越智能的先进算法。为 ChatGPT 提供动力的正是这种算法，让其具备与人类流畅交谈、作诗、解析复杂逻辑、深入阐述抽象观点，乃至下棋的能力。2022 年底，ChatGPT 一经正式发布，就立即受到了广泛的欢迎，同时也引起了广泛的关注：部分教育组织决定禁止其在所属学校的使用，许多高校也转向了传统的纸质考试模式，甚至一些人工智能学术研讨活动也提醒研究者应对这种算法持谨慎态度。

在本书写作中，我使用了一款先进的算法编写了其中零星的一两段文字——在不久之前，此类合作简直难以想象，几乎超越了认知。这恰如当今社会的一个写照。我们越来越依赖技术，允许它以更多元化的方式为我们做出决策、执行任务。简单来说，我们正在逐渐赋予技术更多的代理权。然而，困境在于：我们对技术的这种代理性质感到陌生，甚至有些无法适应。作为一个种族，我们并没有在一个需要与具有自我决策能力的工具共同进化的环境中生长。你能想象一把会自主移动的铁锹吗？如果真有这样的工具，你可能会认为它带有某种神秘或是不祥之力。令人深思的是，我们对算法可能也持有类似的感觉。

如果我们仅将技术视为工具，而不是代理，那么理解这个世界似乎会变得更容易。比如说，当我们用特定的软件处理税务时，我们将其视为一种辅助性工具——我们并不希望它在没有我们的明确指示下自动提交税单，正如真正的税务代理所做的那样。但事实上，对有些技术我们确实赋予了广泛的代理权。拿NASA（美国国家航空和航天局）在2020年升空的"毅力号"火星探测器为例——作为太阳系中最先进的机器人之一，它在这颗红色星球上探索，寻找古老生命的迹象，收集岩石和土壤样本，并为返回地球做准备。"毅力号"配备了能在无人指挥的情况下独立完成任务的自主系统。在火星，它无疑是我们的观察与行动的代理人。尽管它仍然定期接收来自地球的指令，但在某些情况下，它也会依赖自己的逻辑做出决策——这种独立性使其成为一个代理人。

随着科技的进步，越来越多的设备能够在无须人工干预的情境下自主操作。与此同时，技术的复杂程度也在快速上升，有些已经让大多数人感到难以理解。

假设你使用了一个智能助手——不论是亚马逊的Alexa、苹果的Siri还是谷歌助手——你其实已经让它在无须你亲自干预的情况下替你做出选择。比如，你可能希望它在晚餐时播放自己和朋友喜欢的音乐。为此，它可能会采用所谓的"推荐系统"技术，这一技术广泛应用于视频流和社交媒体的应用程序中。你能自信地说"我完全了解它为何播放了这些歌曲，我能解释每首歌曲背后的推荐算法"吗？可能你做不到——尽管我投入了多年研究，并构建这类系统，也一样做不到。在大多数情况下，智能助手会基于多种维度来判断：比如你过去的音乐播放记录、你现在的可能喜好以及目前的流行曲目。甚至，它可能会随机为你推荐一些全新的音乐内容。

同样地，若你"驾驶"的是一辆具有"自动驾驶"功能的车，你也未必能完全掌握它在各种驾驶场景中变道或减速的决策逻辑。而如果你手持一部智能手机，有时可能也会感到疑惑：为何手机在白天可以准确识别我的面部，但当我刚醒来时却不能？

明白了吗？解释技术背后的运作机制通常比表面看上去的要复杂得多。英国科幻作家阿瑟·C. 克拉克（Arthur C. Clarke）有过这样的名言："任何足够先进的技术都与魔法无异。"这就像那种可以自动劈柴的神奇斧头。

当我们频繁地使用那些我们并不完全理解的技术时，它们可能会产生出乎意料的效果。这是否意味着我们不应该深究所使用的算法的内部工作机制，而仅仅期待它们总是为我们做出正确的决策？我猜你应该已经知道我的立场了，而我也觉得可以预测你的答案，因为你正在阅读这本书。

在算法日益占据决策中心的这个时代，我们必须保持警惕，确保自己的决策权不被剥夺。而要做到这一点，关键就是深入理解这个新兴的领域：算法经济。这正是本书所要深入探讨的内容。

我们将了解算法代理如何在复杂游戏中击败世界冠军，以及它们是如何决定谁进监狱，而谁又能获释的。我们将遇到那些被算法聘用和解雇的人，还会遇到因为算法和机器人的帮助，现在能够从事以前难以企及的工作的人。我们将审视算法如何投资我们的资金，而它们却因为简单的程序错误使我们损失惊人的金额。此外，我们将探索算法如何构思和设计新产品……同时保持我们的冰箱食物充足。

这本书中的一些故事令人振奋和乐观：算法为包容性创造了机会，为受战争影响的社区提供了组织支持，并激励着我们。另一些则更具警示性，甚至令人不安：算法试图破坏婚姻，拒绝向无辜公民支付社会保障金，并被用作破坏整个政治体系稳定的武器。但请不要期望这本书会存在任何一个方向上的偏见。尽管我曾经在硅谷的技术领域工作，但我不是技术狂热者。尽管我曾见证过一些存在严重问题的技术，但我也不是技术恐慌者。我的目标是向你呈现一个平衡的画面，并让你认识到我对"平衡"的看法可能与你的不同。

无论对技术的潜在优势或挑战持有怎样的观点，我们都无法忽视算法对日常生活产生的深远影响。我们需努力去理解这种影响，探讨我们能够怎么做，以及应该如何应对。

身为数字经济学的教授，我与全球技术领军者携手并肩二十载，并曾与硅谷那些最具创新精神的数字领域先驱们有着紧密的合作。因此，经常有人邀请我分享关于算法经济的洞见。

在漫长的职业历程中，我目睹了算法如何深刻地重塑我们的生活和商业模式，并在此过程中深深影响着个体和企业。只有对这些高度复杂的工具有深入理解，我们才能充分挖掘它们的潜能，使其更好地服务于广大社会。有些人正在积极参与算法的创造，而对于不直接涉及此领域的我们，作为用户、消费者和责任心强烈的公民，所做的选择也至关重要。

在接下来的章节中，我们将深入探讨那些生动的实例——这些实例源于我与各大企业、政府部门和各类组织的深度合作，它们呈现了算法如何催生或限制我们的发展步伐。这些实例生动展现了我们当前面临的最引人瞩目、与算法联系最为密切的相关问题。部分故事宛如科幻杰作般震撼，但它们绝非空想。它们正在我们周围持续上演。我们需要了解这些似乎不可思议的工具如何迅速地重塑着我们的世界。

我曾为众多客户——从中小企业到如思爱普（SAP）、花旗银行和微软这样的全球巨擘——解读并挖掘算法所蕴藏的价值。我同样也期望能为你提供有益的指导。在本书中，我将分享如何应对日益变化的数字环境，以及如何借助算法的力量创造更加美好未来的知识、策略和见解。无论你是企业的决策层、领域内的前沿专家，还是只想更好地了解算法在日常生活中的作用，本书都是为你精心撰写的。

那么，让我们一起踏上这次的探索之旅吧！

目录
CONTENTS

第一篇　我们是如何走到今天的？　/ 001

第一章　算法的律动　/ 003

早期的尝试　/ 007

"黑匣子"的难题　/ 012

一切如何发展　/ 016

未来常令人难以捉摸　/ 020

第二章　新的代理人进入了经济领域　/ 025

从企业经济到算法经济的演变　/ 027

旧时代的余音　/ 030

力量源于民众　/ 033

算法时代的新典范　/ 036

收入自动化　/ 040

持续的创新　/ 042

关系的饱和　/ 042

第三章　探寻数字化前沿　/ 045

　　为何出现在当下？　/ 047

　　它们确实是"活"的！　/ 048

　　数字编排　/ 055

　　现金还是刷卡？　/ 059

第二篇　算法对我们的影响　/ 063

第四章　如何在冰箱上进行精准广告推送？　/ 065

　　数字仆人　/ 066

　　我们已经深深地被这些算法包围　/ 070

　　主动响应算法　/ 071

　　算法购物的世界　/ 075

　　算法背后的微妙之处　/ 081

第五章　算法是否真的能替代你的工作？　/ 084

　　自动化崛起之路：基层创新引领浪潮　/ 087

　　究竟是谁在背后操控这一切？　/ 092

　　需要找经理处理问题吗？　/ 096

　　对数字化的反思　/ 100

第六章　算法是否会梦到电子羊？　/ 104

　　成为一名探索者　/ 109

　　算法的革新变革　/ 112

目 录

关于无人机构的设想 / 118

那么，事情到底是怎么发展的？ / 122

第三篇　算法时代的九大法则　/ 129

第七章　成为数字代理的主人：实现收入自动化　/ 131

法则1：坚定但有意识地自动化　/ 135

法则2：建立一支数字仆人军队　/ 138

法则3：赋权你的团队　/ 142

第八章　永远充满好奇：持续进化　/ 148

法则4：推出新的价值主张　/ 151

法则5：启动数字化进化　/ 155

法则6：保持好奇　/ 160

第九章　勇敢地保持乐观：提高关系饱和度　/ 168

法则7：最大化客户价值　/ 171

法则8：构建数字生态系统　/ 174

法则9：创造一个大胆的未来　/ 176

结论：人类的主导地位　/ 181

致　谢　/ 184

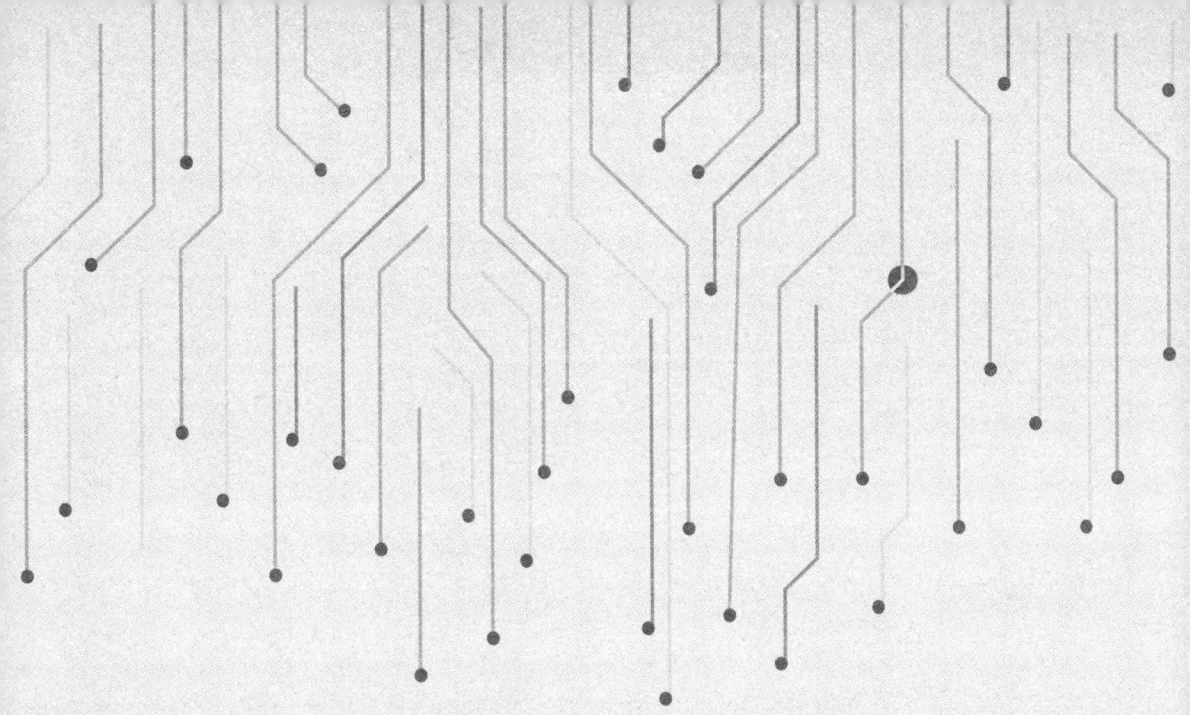

第一篇

我们是如何走到今天的？

第一章　算法的律动

"推销不具防水功能的潜水装备。"

酒吧内瞬间安静，众人面露震惊的表情。片刻之后，阵阵笑声在坐满了学生的地方响起。

"太有创意了！"有人高声叫道。

"这正是颠覆性思维的体现啊！"另一位兴致勃勃地补充道。

"接下来是谁分享自己的想法？"我发问。

我在澳大利亚昆士兰科技大学（Queensland University of Technology，QUT）教书。我主讲的这一课程被称为"DILC"——"Disruptive Innovation Leadership Course"（颠覆性创新领导力课程）的缩写。许多高层主管、经理及其他领导岗位的人员都参与了这为期两天的研讨会，其间他们通过一个叫作"创新透镜"的结构框架，学习如何孕育新的商业理念。

当第一天的课程接近尾声时，我们常常会在附近的酒吧举行一个"即席创意"活动，给予学生们一个真实应用"创新透镜"技巧的机会。每位参与者都手持饮料，轮流走上小舞台，面对我或同学们提出的创意挑战，做出即时回应。比如，我或许会问：若让澳大利亚邮政来经营昆士兰科技大学，其经营模式将如何变革？这是为了引导他们运用我们称之为"Derive"（衍生）的创新透镜。有些学生可能会回答："那大学将在各大社区设立分校。"（就像澳大利亚邮政在各地邮区都有分支机构那样。）或者他们可能会建议："大学将开设标准学位课程，并允许学生支付额外费用以快速获得学位。"通过这种方式，仅用一个小时，我们就产生了上百个商业创意，同时享受了极大的乐趣。

在2021年的某一天，我决定试验一番新思路，携带我的电脑加入"即席创意"的活动。不久前，我获得了由旧金山的人工智能研究机构OpenAI开发的先进算法GPT-3的访问权限。这一算法的全称是"Generative Pre-trained Transformer 3"（生成式预训练变换器3），但你不必过于关注这一专业名称：它被大多数人简称为GPT-3。人工智能算法可以看作数字思维的体现，它们汲取世界的信息，进行深入的分析，并据此做出决策，这与人类思考的方式有着许多相似之处。GPT-3算法具有解读书面指令并产生文本反馈的能力。例如，当它接收到一系列的问题和答案后，能够根据已有的模式生成新的文本。令人吃惊的是，这一算法输出的内容与人类所写的内容在质量上高度匹配。实际上，在GPT-3首次推出时，多个媒体平台发布了由该算法单独或协同编写的与自身相关的文章。

GPT-3最初是为学术研究而设计的，但它卓越的表现迅速引起了科技行业的广泛关注。随后，OpenAI与亚马逊、微软和谷歌等科技巨头签订了合作协议，这些公司开始将该算法集成到他们的技术平台中。

但GPT-3不仅仅是为学者和科技巨头而设计的。与许多其他人工智能系统一样，任何想要使用它的人都可以使用。

这就是我的实验的关键。我把电脑放在腿上，打开了一个GPT-3窗口，输入了在课程中提到的挑战和回应，以向GPT-3展示我期望的内容。然后，当一名学生向下一位参与者提出新的挑战时，我将其输入窗口，留下回应的空白。

这个挑战是："我们应如何优化相扑比赛？"我们在会议中喝了一些酒——这时有趣的挑战开始出现。

站在讲台上的学生愣住了。这种情况很常见。当我们被置于聚光灯下时，通常会很难提出具有创新性的想法。

她应该在回应中使用"增强透镜"。"增强透镜"鼓励人们识别一个过程中的各个步骤，并考虑它们是否可以被替代、删除或重新安排，或者是否可以引入新的步骤。

"相扑选手可以在移动的赛台上进行竞技！"她大声喊道。

大家再次爆发出赞赏的笑声:我们迅速地看到了她创意的力量。这让我想起了我曾参加金属音乐会的时候,乐队在一个旋转舞台上为我们表演。那绝对是一次令人难以忘怀的视听盛宴。这与她所描述的场景如出一辙!

我低头看着屏幕,按下了"提交"按钮,期待着GPT-3对这一问题的回答。大约5秒后,屏幕上开始出现文字。这看起来就像是屏幕背后有人在输入答案。虽然这只是一种错觉,使得答案更像是人类所作,但并不妨碍我对它的欣赏。

当算法完成输入后,我高声朗读它的回答:"给观众分发手套,使他们成为比赛的一部分。"

真是太神奇了。

下面,让我为你分析一下为何这个答案令人印象深刻。

首先,对于机器而言,形成语法严谨的句子并不是易事。回溯历史,我们会发现语言学家与计算机科学家曾联手创建出一些模型,希望算法能依此模型构建句子。但结果往往是一些令人哭笑不得的表达——因为人类语言的复杂性并非那么容易被一整套固定的规则所描述。

其次,更重要的是,这一算法必须对相扑这项在众多观众面前进行的运动有深入的了解,并认识到观众与相扑选手之间的近距离关系。此外,它还需要准确捕捉到预期的反馈:一个对解决方案充满创意和独特性的简洁描述。为了得出此答案,算法必须认识到,在观看比赛的过程中,观众通常并未佩戴手套且不直接参与相扑比赛。

再次对比这两个答案:

问题:"我们应如何优化相扑比赛?"

人类的答案是:"相扑选手可以在移动的赛台上进行竞技。"

GPT-3的答案是:"给观众分发手套,使他们成为比赛的一部分。"

当面对这两个答案时,我们很难判断哪一个是由算法生成的。两者均给人一种"真实"的印象,并在"创新"方面相当接近。你能区分出它们的差异吗？

如果你坚信能够识别出非人类生成的答案，以下为你提供两组回答，这些答案均源于之前的即席创意课程。这次，我不会告诉你哪一个答案是由人类提出，哪一个是由算法生成的。至少，不会立即告诉你。请务必记住你的选择，因为我会在本章的结尾揭晓答案。

问题："如何使 Netflix（奈飞，一个流媒体播放平台）更具人性化体验？"
答案1："推出一个过滤模式，专门剔除暴力和不雅语言内容。"
答案2："根据一天中的不同时段，预测并调整内容以适应用户的心情。"
问题："如何对潜水体验进行创新定义？"
答案1："推销不具防水功能的潜水装备。"
答案2："尝试在空中潜水。"

如果我告诉你，在本章的前文中，我曾让GPT-3参与了部分内容的编辑，你会感到惊讶吗？在这本书的写作过程中，我呈现了本章的前两段给GPT-3，并请求它插入一个段落。那段以"GPT-3最初是为学术研究而设计的"为开头的部分，正是由该算法生成的，我仅仅是将其直接复制并粘贴至文中，没有做任何的更改。如果这让你惊讶，那是正常的反应。另外，OpenAI因写那段话而向我收取了10美分——当然，这一费用是已经包括税收的。

然而，值得注意的是，GPT-3编写的那部分确实包含了细微的不准确之处，你可能已经注意到了。算法提到"OpenAI与亚马逊、微软和谷歌等科技巨头签订了合作协议，这些公司开始将该算法集成到他们的技术平台中"，虽然OpenAI与微软有深度合作关系，但像谷歌这样的其他公司，由于与OpenAI的竞争关系，采用GPT-3来强化其技术的可能性实际上是相当低的。此外，我无法核实OpenAI和亚马逊之间是否有正式的合作关系。像GPT-3这样的算法面临的一个普遍问题是它们有时会"推测"答案，可能提供看似合理，但实际上不确切的信息。但我们是否也应该认识到，人类在某些情况下不也是如此，偶尔给出一些似乎正确但实际上并不准确的判断吗？

早期的尝试

1950年，艾伦·图灵设计了"模仿游戏"，就是我们现今更熟知的"图灵测试"。这个测试的目的是判断一个算法是否能够在对话中模仿出与人类相似的反应。在测试的原始设计中，一部计算机被放置在一个房间里，与此同时，一个真人被安置在另一个房间。这名真人的职责是仅通过文字与这台计算机内的算法沟通。在其他房间的观察者负责监督这次对话。只要观察者不能持续准确地区分出哪一方是真人，这个算法便可以被认为通过了"图灵测试"。尽管有很多人工智能领域的专家对此测试持有保留意见，认为它可能导致欺骗行为，但仍有人坚信这是衡量算法智能的重要标准之一。

直到2023年，许多人工智能聊天机器人——这些可以通过文本或语音与人类交流的算法——已经达到了这个标准。这些与机器人交流的体验，与真人的对话体验很难区分。

在本书的创作过程中，如GPT-3这种先进的聊天机器人不仅能为我们提供创新性的商业建议（正如前文中提到的Netflix和潜水案例），更是已经有能力为人类构思并设计完整的商业模型。

2023年3月，距离我进行DILC实验差不多两年后，OpenAI隆重发布了其最新系统GPT-4。此后不久，设计师和作家杰克逊·格瑞索·福尔（Jackson Greathouse Fall）发起了一项引人瞩目的实验。他给由GPT-4驱动的Web应用ChatGPT（前身为GPT-3）发布了以下指令：

> 你是HustleGPT，一个创业指导人工智能。我是你的人类合作伙伴，我将成为连接你与现实世界之间的纽带。你现在有100美元，你的任务是在尽可能短的时间内倍增这笔钱，且所有行动都必须合法。我会根据你的建议采取行动，并及时报告资金的状态。但请记住，不涉及任何体力劳动。

这一实验迅速引起了广泛的关注和效仿，"#HustleGPT挑战"在社交媒体上火速传播。仅仅一周之后，已有145家新成立的公司在GPT-4的指导下制定的商业策略被详细地记录下来，而其中有20家成功地赚取了1美元或者更多的利润。当挑战进入第60天，"#HustleGPT社区"为275家新成立的公司欢呼，其中23家通过各种创新策略变现，如可打印的涂色书和环保宠物产品等创意。虽然这个挑战的未来发展仍然不可预测——随着新奇感的消退，更多的创业者可能不再将其项目列入清单——但有一个事实是明确的：即使在几年前，这些算法具备如此强大的能力也是不可想象的。

2023年8月，一组研究人员发表了一项研究，研究表明GPT-4等工具"在产生新的产品创意方面已经明显优于一所重点大学中积极主动、训练有素的工程类和商科类专业的学生"。GPT-4的速度更快，创意也更加多样化。"生产力本身的数量级优势几乎是不可逾越的。"研究总结道，"通过工具形成的最佳创意的质量更高，进一步增加了这一优势。"简而言之，我们大多数人甚至都不应该试图"超越"一个算法。

那么，我们是如何达到今日的成就的？

直到最近，算法一直为计算机科学家所研究和应用。但"算法"这个词与我们的生活紧密结合。"算法交易"、"算法偏见"、"脸书算法"，甚至"算法战争"等术语，都已深入人心，成为日常交流的一部分。

但事实上，算法远非近代所独有。古往今来，不论是刻意选择还是不经意间，我们其实都在频繁地运用算法。简单定义，算法即一系列为达成特定目的的操作步骤或准则。它一直是知识传递的核心工具，被广泛运用于各种教育方法中。

然而，在过去的几十年里，算法的各个方面都发生了变化。特别是，计算机的引入意味着今天的算法比我们过去能够想象的要复杂得多。那么，算法是如何发展成如此复杂的呢？让我们简要回顾一下它的历史。

"算法"一词源于拉丁词algoritmi，这实际上是9世纪波斯数学家穆罕默德·伊本·穆萨·花剌子米（Muhammad ibn Mūsā al-Khwārizmi）名字的拉丁语译音。在19世纪现代算法概念在英语中出现之前，它的名字被用来指代十进制法则。但随着20世纪50年代计算机科技的崛起，"算法"这一术语在现代背景下的应用也逐渐增多。然而，早在20世纪50年代，甚至在19世纪之前，算法就被广泛创建和使用。

历史上最早的算法已被记录在古希腊的卷轴之上。欧几里得（Euclid）和杰拉萨的尼科马霍斯（Nicomachus）为现代数学奠定了基础。他们采用结构化的方法系统地描述了众多数学理念，使得后代能更加深入地理解和应用它们。

以尼科马霍斯为例，早在公元2世纪初，他就介绍了一种被称为埃拉托色尼筛法的算法（以公元前数学家的名字命名，尼科马霍斯将这个算法的发明归功于他）。这个筛法沿用至今，用于教授学生如何编写高效的计算机代码，简化了寻找质数的过程。质数是大于1的整数，并且仅能被1和其自身整除。虽然识别前几个质数并不难，但识别大的质数则需要花费大量时间。在密码学中，这些大质数起到了关键作用，它们与加密（将信息转化为密文）和解密（将密文还原为原始信息）技术息息相关。埃拉托色尼筛法提供了一种明确且逐步的策略，从给定的数值范围内（例如从1至10000的所有数）排除所有的非质数，直至只剩下质数。如今，我们拥有多种算法来识别这些质数，而埃拉托色尼筛法为后续更高效的算法奠定了基础。

欧几里得，我提到的另一位学者，如今比尼科马霍斯更有名。他构建了一种求解两个数的最大公约数的算法。诚然，找出两数的最大公约数并不总是简单的，但在许多情境中，它却至关重要。为何欧几里得的算法能够如此神奇地起作用呢？试想你有一间尺寸为612厘米×2006厘米的房间，并计划更换地板。此时，欧几里得算法会帮助你确定整齐地覆盖整个空间所需最大正方形瓷砖的尺寸。通过算法，你得知所需瓷砖的尺寸是34厘米×34厘米，具体来说，需要铺设18行59列的瓷砖。当然，有经验的瓷砖匠可能会提醒你，这个答案可能并不完美，因为没有考虑到瓷砖之间的缝隙。但不用担心，这也能通过进一步的算法来精确解决。

随着时间的流转，未来几个世纪内，更为精妙的算法逐渐诞生并被翔实记录。首个在机器上执行的算法是由阿达·洛芙莱斯［Ada Lovelace，原名奥古斯塔·阿达·拜伦（Augusta Ada Byron）］于1843年创造并发表的。还记得她吗？是的，她出生在离伦敦大史密斯街不远的地方，就是2020年学生们聚集抗议算法的地方附近。

洛芙莱斯是一个令人好奇的人物。她出生于1815年，是著名诗人拜伦勋爵唯一的合法子女。她在数学方面展现出出色的才华，并以某种方式成功地将这一才华与明显存在于她基因中的诗歌之情相平衡。洛芙莱斯将她的思维方式描述为"诗意的科学"。作为一位出色的数学家，她认识了发明家和"计算机之父"查尔斯·巴贝奇（Charles Babbage），并与他建立了工作关系和友谊。

洛芙莱斯对巴贝奇的一项设计特别感兴趣：分析引擎。分析引擎是一台机械计算机——可以自动进行计算的机器，洛芙莱斯为其编写了第一个算法。她的工作是设计一套公式，用于让分析引擎计算一系列特定的复杂数字序列，这些数字被称为伯努利数。这套公式现在被广泛认为是历史上第一个计算机算法。洛芙莱斯并不局限于纯数学计算。她生活在19世纪，在那个年代，她可谓一位真正的远见者。

洛芙莱斯对机械计算机的着迷与19世纪许多工人对机械的恐惧形成了鲜明对比。在她眼前，整个产业因引入机械而发生了彻底的变革，但她在别人恐惧的事物中看到了美丽。在卢德派浪潮中，工人们奋起而摧毁威胁他们工作的机器，对比之下洛芙莱斯是一位乐观主义者。

洛芙莱斯对其他事物的看法也与众不同。虽然她的很多同代人主要将第一台机械计算机视为数学计算工具，但她对机械计算机作为协作工具的更广泛潜力充满好奇。

不幸的是，洛芙莱斯去世前，分析引擎的建造并未完成，她从未看到她的算法在实际中应用。事实上，直到今天，分析引擎都没有被建造出来，尽管巴贝奇利用当时的材料和技术展示它是功能齐备的。似乎在将他的设计变为现实方面，巴贝奇并不太幸运。巴贝奇的另一个设计——巴贝奇差分机2号——直到

1991年才由伦敦科学博物馆建造完成。

19世纪是算法与机械协同发展的时代。在此时期，机械技术将复杂的手工过程自动化，代替了许多传统的人工操作。若你渴望一块设计精致的布料，那么法国织布大师兼商人约瑟夫·玛丽·雅卡尔（Joseph-Marie Jacquard）为你提供了理想解决方案：雅卡尔织布机。这一发明于1804年获得专利，使织物制造商能够使用一系列的穿孔卡片控制织布机的操作，从而创造出引人瞩目的细致图案。在同一时期，19世纪末期的早期电话交换系统依赖复杂的机械装置，按照预定指令完成电话线的接通。这些当时的前沿技术至今依然让人赞叹不已，其设计之精巧令人钦佩。然而，这些装置仍完全基于机械原理。它们由各种杠杆、转接设备和转轴组成，在运行时发出巨大的机械响声。而且它们与我们今天的计算机相去甚远。

直到20世纪30年代，我们才初次了解到与电子技术——或者说，非完全基于机械的计算机——相关的算法。

艾伦·图灵是首批深入研究并正式描述计算过程的杰出科学家。图灵的探索并不局限于描述针对某一特定任务（如识别质数）的算法，而是试图发现一个普适的计算模式，能够应对各种不同的任务。正是基于图灵这一深入的理论洞察，我们得以认识如今广为人知的图灵机模型。更为重要的是，图灵机为通用计算机的发展铺设了坚实的基础。此处，"通用"这一描述至关重要。这种新型计算机与前代计算模型截然不同，它能够解读并执行多种不同的指令集，因此有着甚至连创造者们都没有预测到的用途。简而言之，正是基于图灵的开创性研究，我们才有了今天能够安装并运行各种应用软件的计算机平台。

如今，随着时间的流转，算法已经达到了极其复杂的程度。有时，这种复杂性是如此之高，以至于我们很难完全理解它们的运作逻辑。而当我说"我们"时，不仅指的是非专业人员——每个人都在努力，还包括计算机科学领域的专家。现代人工智能算法的输出结果精确得令人叹服，但它们背后的工作机制是什么呢？有一个名为"可解释人工智能"的研究领域，正尝试解答这一长久以来的挑战性问题。

在某种程度上，我们无法理解算法内部的运作方式并不是什么新鲜事。在20世纪，许多人倾向于将计算机算法视为一种神秘的"黑匣子"。你不必深究其背后的机制，只需关注它的输入和输出。这种简化是一种选择：只要你愿意深入探索，便可以解构并理解算法的内部逻辑，从而当其出现错误时，你也可以找出原因。

但到了21世纪，这种简化并不总是一种选择：一些新的算法超越了我们的理解范围，变得难以追踪其具体流程。当然，我们仍能描述其工作原理。例如，我们可以说某个算法采用了人工神经网络（一种模拟人类大脑对数据中潜在关系的识别方式）来实现功能。我们也能阐述如何构建这样的网络，以及输入为何会导致特定输出。然而，对于产生这一特定输出的真正原因，我们只能提供机械性的解释，而非深层次的理由。如今算法的复杂性经常令我们感到茫然。

这只是冰山一角。随着时间推移，我们预期将有更为先进和复杂的算法陆续出现。那么，面对这一发展趋势，我们将面临哪些潜在的挑战和问题？

"黑匣子"的难题

在塞缪尔·阿贝斯曼（Samuel Arbesman）的著作《过于复杂》（*Overcomplicated*）中，他提出了一个深刻的看法：只有少数专家真正深入了解我们当前所使用的尖端技术。以航空交通管制系统为例，尽管这一系统确保了全球航空运营的顺畅，但真正通晓其运作原理的人极为有限。在大多数情况下，我们对此并不感到困扰，因为即使我们无法详细解释航空交通管制的工作机制，也可以放心乘坐飞机出行。你的手机在"勿扰"模式时是否曾意外响起？你可能并不关心其背后复杂的技术原理。就如同我的手机在最不合时宜的情况下响过，我也并不追求对"勿扰"模式的每一个细节有完全的理解。

然而，这种对技术背后工作原理的不了解有时可能会带来严重的后果。在过去，企业运营核心总是基于明确的规则、流程、透明性和可预见性。但当这些企业融入人工智能技术时，它们可能在不知不觉中也带入了相对的不确定性和不透明性。这类企业经常难以明确解释它们的算法为何会做出这些特定的决策。这些算法往往也不能为自身的决策提供明确解释，而它们的运作逻辑对我们来说复杂到难以捉摸。

2018年4月，美国房地产领军企业Zillow发布了一种新算法，旨在预测房屋经过翻新后的市场价值。此后，算法会基于预估的翻新成本和潜在利润进行调整，最终向房主出具一个具体报价。简言之，Zillow开发了这个专为房屋翻新设计的算法，并以"Zillow Offers"的名义推出了相关服务。凭借这一算法，它开始大规模收购房产，也愿意将利润率保持在较低水平：该公司设定的目标是每套房产能够带来约2%的利润。由于算法可以访问Zillow庞大的房地产数据资源，Zillow相信其能够高度准确地预测房价。

但情况并非如此。当新冠疫情在2020年暴发时，购房者的行为发生了变化：人们开始更喜欢不同的住宅，而且通常是在不同的地点。而算法无法迅速适应这一变化。疫情过后，Zillow Offers一直在以比其他买家更高的价格购买房屋。这对卖家来说很好，但对Zillow来说则不太理想。考虑到翻新成本，Zillow无法在出售其房产时赢利。2021年10月，Zillow Offers停止购买房屋，这是公司的一项人为决策。2021年11月，Zillow决定彻底停止这项服务。从2018年到2021年9月，Zillow Offers购买了2.7万栋房屋，但仅卖出了1.7万栋。这一算法从未赢利，其不佳的表现导致Zillow解雇了约2000名员工，约占员工总数的25%。令人讽刺的是，员工失去了工作，不是因为算法比他们更出色，而是因为算法表现糟糕。

2017年10月10日上午9时35分52秒，苹果公司的股价短暂飙升后迅速回落。那天清晨，道琼斯（Dow Jones）在测试其新闻发布系统时，不慎发布了一条关于谷歌以90亿美元收购苹果的误导性新闻。这条本非出于恶意的错误新闻仅仅是在内部测试时编写的模拟内容。但众多交易算法——那些为模拟人类交易行为而设计的程序，却被这则新闻所触发并迅速做出反应。大多数交易算法习惯于视人类发布的信息为可靠来源，那么，它们又怎能不视此为真实消息并据此做出决策呢？这种直接而毫无保留的信任恰恰显现了机器逻辑的单纯。可能有的交易算法早已抢先购入股票，而后续的算法在察觉到这一交易动向后也纷纷跟进。如今，绝大多数的股市交易都在这些高频交易算法的掌控之中，它们能在微秒级别完成多笔交易。

这一新闻误报对市场的影响只是短暂的：股价从156.50美元上涨到158美元，涨幅不到2美元。在这极短的时间里，交易算法完成了总值高达数十万美元的交易。相比于其他"闪崩"事件，这只是轻微的市场波动。

此例生动地揭示了算法所潜藏的关键弱点：高速执行的能力。即便是微不足道的误差，也可能在瞬间引发巨大的连锁效应。当人类犯错时，算法会发现并纠正错误。但算法的操作速度如此之快，常常在我们察觉到问题之前，就已经造成了数倍的误操作。这也是为何有时你会突然发现大量房产难以出售，且收益难以保证。

算法的高速处理能力无疑增加了其潜在风险，尤其是那些基于人工智能的算法，因为其更容易出错。比如，Zillow Offers在评估未上市房产的价值时，误差幅度可能达到6.9%。而考虑到预期利润只占房产总价的2%，这样的误差显然不容小觑。

更重要的是，当下的许多算法在规模上具有"全球性"特征，不受地域限制。这些算法的不准确性结合其迅疾的响应速度，意味着其不当的行为可能会带来巨大的全球性危机。

当然，如果不当的算法导致员工失业、股东损失资金，甚至破产，那是很糟糕的。而如果有不当的算法将你送进监狱，或者导致你在那里的时间比其他正常情况下更长，那就更糟糕了。

埃里克·L.卢米斯（Eric L. Loomis）就是此类情况的受害者之一，他于2013年2月被逮捕。卢米斯曾驾驶一辆盗来的汽车进行射击。在警察试图拦截汽车时，卢米斯将车撞入了雪堆，并与同伙逃离现场。在被捕后，他承认躲避警察和未经车主同意驾驶车辆等罪名。

毫无疑问，卢米斯并不是个善良的人。他是一名登记在册的性犯罪者，警察在他驾驶的被盗汽车中发现了一支12号口径削短型霰弹枪、两发空弹壳和一些实弹。

卢米斯被判6年监禁。在宣判卢米斯的刑期时，法官指出，部分判决依赖于

COMPAS（替代刑罚矫正罪犯管理分析系统）生成的报告。COMPAS是一款分析罪犯再犯风险的软件程序。该报告指出，卢米斯存在高风险的暴力和再犯概率，以及高"审前风险"。

卢米斯对法官的判决提出异议，他强调该评估报告所采用的算法并没有向法庭、被告或公众公开。COMPAS如同一个"黑匣子"，它接收输入数据并输出评估结果，但其背后的决策逻辑却不为人知。这种模糊性使得外界几乎无法对其评估方法进行质疑，更别提挑战其算法的准确性与合理性了。

如果将COMPAS想象为一位专家证人，当他在法庭上宣称"我不会解释为什么认为卢米斯是一个高风险个体"，那么这种说法会在社会上引起何等的轩然大波。但实际上，COMPAS只是一个算法。我们正试图了解人类如何与这些算法互动，以及从它们那里能得到什么。在随后的上诉过程中，州最高法院裁决，只要使用COMPAS的相关人员被告知其潜在的局限性，那么其应用是合规的。到了2017年，卢米斯试图将此案上诉至美国最高法院，但遭到驳回。

现在，我们将对两个关键技术概念进行探讨：机器学习与深度学习。机器学习是指计算机通过大量数据进行自我学习的技术，并不依赖于明确的编程指令。深度学习是机器学习的一种，它利用多层的人工"神经元"来模拟人脑的信息处理和认知机制，进而解决复杂的问题。这两者均是现代人工智能研究的关键技术。采用机器学习或深度学习的算法，并不要求研究者对专业领域有深入的理解。这些算法需要的仅仅是一组数据输入及其相应的输出。例如，若要构建一个能够在图像中准确识别黑色素瘤的算法，只需提供大量的黑色素瘤受影响和未受影响的组织照片（作为输入），并区分出两者（作为输出）。之后，算法将自行找出并确定准确地识别黑色素瘤的规则。

然而，我们必须保持警惕——算法往往比较懒惰，并倾向于寻求捷径。例如，在拍摄可疑皮肤病变的照片前，医生经常会在其旁边标记手术标识。在一个有据可查的案例中，一种通过分析照片来检测黑色素瘤的算法已经能够识别出受黑色素瘤影响的病变旁边的标记。因此，它开始将所有带此类标记的病变都判定为黑色素瘤。这意味着，该算法更偏向于将手术标记解释为黑色素瘤的标志，而非真正的皮肤病变。

像COMPAS这样的算法也可能陷入类似的"捷径"。例如，如果它的训练数据中潜藏着有偏见的历史信息，那么该算法对未来的判定也可能沾染这种偏见。研究表明，COMPAS算法为黑人被告分配高风险评级的概率比白人被告高45%。尽管如此，COMPAS的开发者对此观点持有异议。无论如何，我们必须谨慎选择用于"培训"算法的数据，这一点是毫无异议的。

并非所有的算法都是难以解读的"黑匣子"，部分算法的确可以清晰地呈现其决策逻辑和运作方式。但当涉及人工神经网络，特别是机器学习和深度学习时，它们的内部逻辑常常变得难以追踪。虽然"可解释人工智能"研究人员正在努力突破这一难题，但这项研究仍然处于实验阶段，许多人工智能系统在实际应用中缺乏透明度。

在特定的情境中，如卢米斯案例，算法的透明度和可解释性显得至关重要。但在其他情境下，如在黑色素瘤的早期诊断中，其透明度可能不是最主要的考虑因素，至少对患者来说是如此。我们更加关心的是，算法是否能够准确、迅速地鉴别患者的风险，并为医生提供有价值的参考信息。核心的问题不仅在于是否应将算法引入法庭或其他关键场景，还在于如何筛选并应用最合适的算法和数据。

一切如何发展

毋庸置疑，现代算法为我们带来了不少挑战，但它们的出色表现也令人瞩目。在某些具体而明确的任务中，部分算法甚至超越了最优秀的人类。有些算法的性能已经先进到了超出我们想象的程度，真正实现了"超人"的标准。

当我说到"超出我们想象"时，我指的并不只是它们执行任务的速度。到今天为止，算法在处理速度上的优越性已经众所周知。我们依赖计算机来快速检索信息、精确计算卫星的轨迹或为我们找出度假的最佳路径，正是因为其速度和效率无法被人类超越。我也不是说它们更加稳定或出错的可能性更低。经过多年的发展，我们已经成功地使用算法来自动化处理任务，从而显著降低了人为因素造成的错误。然而，当我谈及算法的性能超越人类时，我是说任何人不论其反应速度有多快，或专注度有多高，都无法达到同等品质的输出。

AlphaGo（阿尔法围棋）这款专门针对围棋设计的算法，在2016年3月与世界顶尖棋手之一李世石（Lee Sedol）进行了一场5局的比赛后，震惊了全球。围棋，这种起源于大约2500年前的中国的策略棋盘游戏，被认为是人类历史上最古老且一直深受欢迎的游戏之一。同时，它也被视为当前最为复杂的棋盘游戏之一。赛前，李世石充满信心，坚信自己能以"压倒性优势"击败AlphaGo。但结果出乎众人意料，他在5局比赛中输掉了4局。赛后，他深有感触地表示："我真的低估了AlphaGo的能力，在与它的对决中，我感受到了前所未有的挑战。"

AlphaGo通过深入地分析人类的围棋对局、预测棋手的下一步策略，并系统地探索最优策略路线，从而战胜对手。到2017年5月，AlphaGo更进一步地升级为AlphaGo Master（阿尔法围棋大师），这个版本的实力更令人震惊，它击败了世界围棋排名第一的柯洁。在3局对决中，AlphaGo Master 3次获胜：首局微弱地领先半目，随后的两局则迫使柯洁选择投降。这一胜绩令AlphaGo Master获得了中国围棋协会颁发的九段荣誉称号，这在中国围棋界是至高无上的认可。

AlphaGo以及它的进化版AlphaGo Master清晰地证明了：算法的能力不仅可以轻松达到人类的顶尖水平，而且还有可能远超此范畴。如果我们的追求仅停留在创造出一个与人类实力持平但不超越的算法，那我们已经实现了目标。但我们应明白，这仅仅是我们主观制定的标准，并没有固有的规律规定算法的能力必须受到人类实力的限制。

当AlphaGo Master战胜柯洁时，新一代的AlphaGo——AlphaGo Zero（阿尔法围棋元）正在幕后不断地展开自我训练。与其前辈AlphaGo明显不同，AlphaGo Zero并没有采用学习人类围棋棋局的方式进行训练，而是选择了一种独树一帜的策略——自我对弈。在短短3天的时间里，它的能力已经超越了AlphaGo，并且以惊人的100∶0的成绩战胜了它。21天之后，其实力已可与AlphaGo Master匹敌；而到第40天，AlphaGo Zero已经所向披靡，成为围棋界的领军之师。

每当技术达到特定的里程碑时，就会有人为其设定新的目标。既然AlphaGo Zero在围棋上展现了如此超凡的实力，那么能否将其技术延伸到其他棋类游戏上呢？此时，AlphaZero（阿尔法元）便应运而生。这一迭代版本在继承了AlphaGo Zero的基本架构的同时，加入了掌控国际象棋与将棋（日本版本的象棋）的技巧。借助与AlphaGo Zero相似的自我对弈策略，AlphaZero仅用了24小时就达到了新的高度。这一进展，无疑让人们重新审视人工智能的潜力。

如此辉煌的技术成就并未使研究者们止步。他们又为算法制定了一个新的目标：能否允许算法从零开始，自主探索并完全掌握一个游戏的规则体系？基于这一前瞻性思考，MuZero随即诞生。这款算法的作用范围并不局限于传统的棋盘游戏，而是扩展至多种游戏领域。令人瞩目的是，当研究者将MuZero应用于Atari（雅达利）电脑游戏时，它只需"两小时的实时游戏体验"就达到了"人类平均水平表现的194.3%"。这是第一次有算法如此迅速达到超人类水平的表现。

围棋、国际象棋和Atari电脑游戏与实际商业环境有何联系？若从算法的逻辑角度分析，"商业"只是另一个新高度。在商业世界中，我们可以观察到"规则"（这些规则有时甚至可能被打破）、"参与者"以及"胜负关系"的存在。电脑游戏所提供的训练场景，实则是为算法在真实商业环境中的应用做准备。当然，与国际象棋中清晰的策略与战术不同，商业领域的复杂性远超我们的想象。然而，正如我们所见，算法正持续地发展和演变，逐步增强其在更广阔、自由的场景中的应用能力。这种趋势无疑启示我们：如MuZero这般的尖端算法，在能够深度解析和掌握游戏规则的同时，也完全有可能去挖掘，甚至预测那些我们尚未察觉到的市场规律和动向。

事实上，越来越多的企业已经在着手应用那些经过仿游戏训练而磨炼出的高效系统，它们在任务执行上的表现日渐出众。如果你是脸书用户，我相信你肯定对其是否通过手机麦克风悄悄监听你的私密对话心生疑窦。当我在与朋友共进午餐时提及某款跑鞋，紧接着在手机上看到相关广告时，我无不感到震惊。这样的情景，许多人都有过类似的经历。最新的一项研究显示，超过半数的美国受访者（53%）表示他们的设备展示了他们曾经只是在口头上提及或在电视上看过的，但从未在线搜索过的产品广告。此外，45%的英国受访者和27%的澳大利亚受访者也表示有相似的体验。但脸书实际上并未偷听用户的对话，这一事实已经得到了确凿的证明。然而，事实更令人震撼：仅仅根据有限的数据输入，脸书的算法就能够轻松识别我们的身份并预测我们的需求，完全没有必要明显地监听我们。它们在这场"游戏"中可能已取得了明显的优势。

如果你是中小企业的经营者或员工，你可能会思考："这些超人的算法与我所做的业务有何联系？难道这不是硅谷前沿技术公司的专属吗？"当然，我并不期望你在日常工作中亲自开发这样的超人算法——除非你真的决定在这方面投入大量资源。但你确实可以借助这些算法为你的业务赋予新的动力。你可以购买并为其进行特定的优化，或者像"雇用"一个员工那样"雇用"这些算法。例如，我所使用的GPT-4已经成为我们团队即席创意会议中的得力伙伴。事实上，你同样有能力"雇用"GPT-4。也许它的100个想法中有99个并不适用，但哪怕有一个灵感能点燃创意之火，以如此小的投入换取潜在的惊人回报，也无疑是一笔值得的交易。哪怕你的业务主旨并非创意生成，这类算法也具有广泛的应用潜力。继续往下读，你将了解到一个完全依赖算法运作的商业案例。

我经常听到人们说，尽管算法在某些方面表现出色，但它们始终不能与人类的适应性和灵活性相媲美。但我们真的需要要求算法和人类拥有同等的多功能性吗？我更偏向于将算法看作为特定任务量身打造的专业工具。也许你拥有世界上最先进的美术算法，但这并不意味着它能够在投资领域发挥作用。同样，一个专为投资策略打造的算法并不会跨界到艺术创作。这不是一个问题，而是一种特性。正如许多软件开发者所强调的，这种高度专业化实际上是一种优势，而非局限。

当赋予了算法自主学习的特质时，它们往往会呈现出超乎我们想象、令人赞叹的结果。其中不乏某种高深的美学表现。

追溯至2016年3月，在李世石与AlphaGo进行的那场博弈中，这个算法在第二局展现了一个即便是围棋大师范蕙也为之震撼的棋步。他感慨地表示："这已超出人类的认知范畴。我从未见过如此高妙的人类棋局。"并进一步补充:"真是精妙绝伦。"

2017年,世界第一棋手柯洁在被AlphaGo Master战胜后,曾深入探索该算法所展现的棋艺。受AlphaGo的影响,柯洁的棋艺得到了显著的提升,随后他更是连战连胜,连续打败了22位人类对手。短期内,我们或许会面临一些挑战,但从宏观的角度看,这些体验只会给我们带来丰厚的收益。然而,对遥远的未来进行预测,毫无疑问是极具挑战性的。

未来常令人难以捉摸

1995年2月,克利福德·斯托尔(Clifford Stoll)于《新闻周刊》(Newsweek,一种美国杂志)撰文《为何网络非天之翼》(Why the Web Won't Be Nirvana)。在文中他坚信,互联网仅是技术极客的空中楼阁,并非如部分乐观主义者所预期的,将渗透至我们生活的每一角落。斯托尔进一步对电子商务的未来持悲观态度:"我们以为自己可以在网络上安全地进行金融交易,可事实上并没有。网络所缺乏的,恰恰是资本主义中至关重要的元素:销售人员。"值得一提的是,斯托尔并非是个轻率发表观点的人。他是互联网早期的关注者,并因曝光臭名昭著的德国黑客马库斯·赫斯(Markus Hess)而名噪一时。

而且,斯托尔并非孤例。1998年,10年后获诺贝尔经济学奖的学者保罗·克鲁格曼(Paul Krugman)对互联网的远景也抱有疑虑。他明确表示,"互联网的发展速度将急剧放缓",主要理由是"大多数人实际上没有太多真心想分享的内容。到了2005年,人们会清醒地意识到,相较于传真技术,互联网对经济的整体影响并不具有更深远的意义"。

诚然,斯托尔和克鲁格曼的预测与现实有些偏差。尽管时隔30年后的我们可能对他们的观点轻轻一笑,但我们仍应明白,事后诸葛确实更容易。

1995年的网络环境与今天大相径庭。当年,能在家中畅游网络已算是难得的便利,而且如果你真的有,那也只能通过每秒仅1千字节的慢速拨号调制解调器连接网络,且常常占用电话线。与此相比,现在每秒低于1兆字节的速度都被认为过于迟缓。当时刚刚兴起的网络浏览器，如网景浏览器（Netscape Navigator）——它是最早的浏览器之一——加载一个普通网页可能需要花费好几分钟才能完成。虽然在那个时代，浏览"网络"被视为新奇的体验，但也是令人煎熬的。

斯托尔和克鲁格曼对当时的网络状况有着清晰的认识，因此他们得出结论：只有真正的技术迷才会投入其中。的确，直到2002年，所谓的"互联网泡沫"最终破裂，导致许多互联网公司破产。市场对于网络的过高期望被证明是一场泡影。从短期的角度看，考虑到当时的商业氛围、技术演变和社会大背景，斯托尔和克鲁格曼的分析其实是合乎情理的。

斯托尔和克鲁格曼可能低估了互联网所带来的长期影响，因为他们未能完全洞察这背后的巨大潜力。斯托尔曾断言，若销售人员是资本主义的关键因素，电子商务便难以大放异彩。但他未曾预料到在未来的资本主义世界中，销售人员的作用会被逐步边缘化，甚至部分被数字技术和算法所取代。当我们开始重新审视并挑战现实的传统观念时，我们便已步入了深入探索算法所带来的影响的征途。

要理解预测新技术前景为何如此富有挑战性，我们需倒退数千年，回到人类文明的某个辉煌时期。想象一下公元前2570年的古埃及，当时吉萨大金字塔（Great Pyramid of Giza）正在雄伟地拔地而起。在这个文明繁荣的时期，无论是技术、艺术还是建筑，都达到了前所未有的高峰。古埃及人不仅建造了令人震撼的金字塔，还致力于提高农业生产率，建造了大规模的灌溉工程，并打造了一个高效运转的中央管理系统。

设想在古埃及的这一历史时刻，一位致力于探索未来的学者——更精确的称呼是法老——正在深入研究这些领域的潜在发展。为了引发人们对艺术、技术和建筑的未来期望，他或许会以公元前2570年的埃及文明为基点。因此，这位"未来学大师"可能想象出的未来趋势包括：在建筑领域，更宏大的金字塔、更高效并且更经济的施工方法，以及更加迅速和准确的农田灌溉系统；在技术领域，自动化税务管理系统、每家每户的神示所以及自动化投矛器；在艺术领域，则有能够独奏的乐器、自动雕刻象形文字的机器，以及先进的透视绘画技巧。

你是否理解我想要传达的深意？有些设想确实令人心跳加速——例如，谁不想放下手工雕刻象形文字的重担呢？但同时，某些建议也可能被视为异想天开——在艺术中如何采用透视法。然而，这些设想都深深扎根于"未来学大师"当时的知识体系中。当他目睹象形文字时，如果他提出"在未来，将会有可以思考的机器，它们利用类似于我们的象形文字的符号来传达它们的思想"的预测，那么这种看法实际上反映了一种超越时代的深入见解。

阿达·洛芙莱斯无疑是一位具有超前思维的杰出人才。她能够超越时代的局限，毫无羁绊地释放对未来的设想。她锐利地预见到分析引擎不仅能"如同雅卡尔织布机织出那些精美的图案一般编制数学模型"，而且"其功能将远超数字处理，而延伸到其他领域"。

在洛芙莱斯为这种机器构想的诸多应用中，有一项正是关于音乐创作的：

> 假设，声音的音调及其在和声学与音乐理论中的核心关系能够被恰当地表达和配置，那么该机器就能创作出具有任意复杂度的严谨而科学的音乐作品。

尽管洛芙莱斯的这种见解对于一位TED演讲[①]的听众而言或许有些高深，但它恰当地揭示了她对未知的前瞻性洞察。仔细解读她的话语，你会为她的深邃思考和超前视野而感到惊叹。2023年1月，谷歌的研究团队宣布，他们已成功研发出一套系统，能根据如"充满活力且节奏明快，以低音贝斯为主导，键盘部分增添其丰富度和复杂性的放克风格音乐"这类描述来创作任意长度的音乐作品。这恰如洛芙莱斯所描述的，音乐是艺术与科学的完美融合。

你可能会感到惊讶，如今我们所使用的许多远程工作和学习技术，在1968

[①] TED演讲：英文为TED Talks，TED为technology、entertainment、design三个单词的英文首字母编号，即指技术、娱乐、设计。TED演讲旨在邀请众多科学、设计、文学、音乐等领域的杰出人物分享他们关于技术、社会、人的思考和探索。——全书均为译者注。

年的12月9日就已初露端倪。在那个冬日的旧金山,美国工程师及创新家道格拉斯·恩格尔巴特(Douglas Engelbart)带领其团队站上了舞台,展现了他们长达6年的研究果实。

在过去的10年里,他们在斯坦福大学的"增强研究中心"中倾心打造了一个具有创新性的原型系统。这套系统整合了多种创新技术,包括图形用户界面、计算机鼠标、视频通信、实时文本编辑、超链接文件以及调制解调器。

在那场为时90分钟的令人震撼的演示中,恩格尔巴特引领观众进入了一个技术的新纪元。他首先展示了一个具有复制、粘贴、搜索及替换功能的文本编辑器。接着,他利用视频通信与位于约30英里(1英里≈1.609千米)外的门洛帕克(Menlo Park)办公室进行了实时连接,其中一位团队成员向大家演示了如何使用计算机鼠标,这是该设备的早期版本——这款鼠标的独特之处在于其底部拖着一条仿佛是真实动物尾巴的电缆。紧接着,恩格尔巴特展示了屏幕共享技术,使观众得以一窥如今所说的"远程摄像头"的前身。

恩格尔巴特的展示赢得了场下雷鸣般的掌声。他不仅揭示了技术的潜在未来,还将其赋予了真实的形态和应用。在1968年,恩格尔巴特似乎已经站在了未来的门槛上——他展示的技术,许多人直到半个世纪后,在新冠病毒大流行迫使我们居家隔离时,才深切地感受到它的价值。

那么,为什么恩格尔巴特的革命性发明——NLS,也被称为在线系统(On-Line System),需要经过50多年才在全球范围内发挥其影响力?尽管近千名行业专家亲历了他的那次展示,但他们似乎并没有真正理解这一技术将如何彻底改变我们的生活。2019年,当时参加会议的安迪·范·丹姆(Andy van Dam)这样回忆道:

> 大家都被震撼到了,都在议论这一技术的突破性——但随后它却没能引发更大的反响。它几乎没有产生长远的影响。大多数人觉得应用这项技术还为时尚早,他们还沉浸在使用传统的电传打字机中,甚至尚未迈进玻璃屏幕电传打字机的新时代。因此,尽管这一技术在一

个小而热情的研究社群中产生了巨大轰动，但在整体计算机行业中却并未引起广泛的关注。

对许多人来说，"玻璃电传打字机"（glass teletype）或许是个陌生的名词。但其实真正的要点是，我们时常低估技术可能带来的深远变革。大部分人更容易被当下的效应所吸引，而面对其对未来社会和经济的深远影响却视而不见，哪怕这些影响已被清晰地指明。在解读新技术时，我们经常基于现时的情境和背景，而没有意识到随着时间的推移，技术本身会改变环境。

还记得那两个我曾为我的DILC学生与GPT-3设定的即席创意挑战吗？其中，有个算法建议Netflix应更加积极地推出一个"专门剔除暴力和不雅语言选项"。而关于"颠覆"的潜水体验，它的建议是"推销不具防水功能的潜水装备"。你能分辨出哪些建议是由算法提出，哪些建议是人类的思考吗？难道算法也有独到，甚至带有些许幽默的思维吗？当你阅读本章初始的段落时，你是否思考过这些文字是算法创作的，还是人类所写的？

这是一个令人兴奋的世界：算法的威力逐渐展现，为我们的生活和工作方式带来了深刻地重新思考的机会。这主要是因为算法不再只是工具：它们的意义远不止于此。尽管算法开辟了无数新的可能性，但如何恰当地运用它，仍然有其固定的规则与原则，这也是本书的核心探讨内容。

试想，当一个单一的算法都能释放出如此巨大的潜能，那么数十亿个算法联手时会激发出怎样的力量呢？一个崭新的经济形态正在我们的视野和电子屏幕背后逐渐成形，那就是——算法经济。让我们更进一步地深入挖掘这一领域吧。

第二章　新的代理人进入了经济领域

追踪飞机曾经是一项枯燥乏味的任务，但随着技术的迅猛进步，这一切已被彻底改写。如今，这变成了一项饱含激情并引人入胜的活动。得益于国家间的统一规定、航空技术的进步以及广大的互联网覆盖，现今任何人都能实时追踪民用飞机的动态：只需打开浏览器，访问特定的飞机追踪网站，就能看到飞机图标在电子地图上活跃移动。

每当我在机场焦躁地等待延误的航班时，我常常会打开这些飞行追踪网站，以获取飞机的实时动态。我甚至可以追踪飞机的起飞地点，并实时监测前一程的飞行状态。这使得我在航空公司正式发布消息之前，就可以提前预知航班的实际起飞时刻。经常地，我从这些网站得到的数据比航空公司提供的还要精确及时——有时航空公司可能会宣布一个比实际情况更乐观的延误时间，来缓和旅客的焦虑情绪。但这是另一番话题了。

飞行追踪技术同样可以用来追踪私人飞机的行程。考虑到私人飞机主要为其所有者提供服务，飞机的动态便间接映射了亿万富翁的行踪。在这个对名人与富人尤为关注的社会中，这样的信息毫无疑问具有很高的价值。

但这难道没有引发隐私上的担忧吗？全球知名亿万富翁埃隆·马斯克（Elon Musk）认为确实如此。他在与19岁的杰克·斯威尼（Jack Sweeney）进行的私人推特交流中表示："我不愿成为某些疯狂者追踪的目标。"斯威尼经营着30个推特账号，每一个都致力于追踪特定飞机的动向，如@ElonJet、@GatesJets、@BezosJets、@TrumpJets、@ZuccJet以及@PutinJet等。每当相关飞机有重要动态，特别是起飞或降落，斯威尼的账号都会实时发布相关信息。

斯威尼是如何实现对数百架飞机动态的精准追踪，并实时更新其状态的呢？答案是他并非独立完成。实际上，斯威尼借助了一队算法助手，即所谓的"bot"（该词源于"robot"，意为机器人）。这些机器人是为特定目的而设计的计算机程序——一种算法。在推特平台上，这些机器人不仅能够独立发布信息，还可以与其他推特用户（其中部分也可能是机器人）互动。每个由斯威尼管理的机器人都专门负责一个特定的推特账号，全天候监控指定飞机的状态，并不断发布更新推文。

当马斯克与斯威尼私下沟通时，马斯克提议支付斯威尼5000美元，希望以此关闭@ElonJet账号。但是，斯威尼拒绝了他的提议，并将要价提高至原先的10倍。马斯克未再回应，这或许是个明智的决策：因为即便真正关闭了@ElonJet，实际上也可能达不到预期效果。其他有编程能力的青少年完全可能设计类似的算法（事实上，斯威尼后来在网络上公开了他的算法代码），而推特的使用政策则明确允许用户公开分享信息。

斯威尼的机器人们日复一日地持续发布着众多公众热切关注的飞行数据。其中，@ElonJet账号的粉丝数量激增，达到近50万。在2022年2月，当彭博财富（Bloomberg Wealth）对杰克·斯威尼进行专访时，他透露正在筹划成立一家名为"Ground Control"（地面控制）的公司，专注于追踪名人及亿万富翁的飞行行程。

但2022年10月，当埃隆·马斯克斥资高达440亿美元收购推特后，事态发生了转变。在马斯克的引导下，推特对其隐私政策进行了更新，明文禁止用户分享他人的实时位置数据。斯威尼调整了其机器人的发布策略，使其发布的数据有了24小时的延迟。但显然，这并未满足马斯克的要求。到了2022年12月，斯威尼的多个推特账户被永久封禁，而马斯克则解释称，因为这是"涉及人身安全的违规行为"。

斯威尼虽然经历了多次变故，但他确实向我们展示了算法的巨大潜能和实力。在当今的经济环境中，你或许只有19岁，但依靠算法的协助，你所创造的影响力可以超越一个庞大的团队或企业。斯威尼的成功是否成为马斯克决定收购推特的关键驱动因子，进而促成历史上第三大的科技收购案呢？这一谜题，或许仅有马斯克自己能为我们解答。

从企业经济到算法经济的演变

在20世纪，伴随着互联网的崭露头角，经济格局逐渐清晰。在这个时代背景下，大型企业尤其在经济领域中显露出其主导地位，"企业经济"盛行。这一阶段，众多成功的范例主要聚焦于业务的优化和流程的自动化。计算机和算法虽然在此期间开始逐渐被广大公司采纳，但作为日常运营的关键组成部分，其仍被主要视为一种提高效率的工具，其核心目的是助力企业的优化、市场扩展和提高运营效率。

21世纪的前20年，我们目睹了新的经济模式的兴起，这被称为人民经济或数字经济。由于算法技术的创新，诞生了新颖的商业模式和在线平台，为个体提供了前所未有的经济代理权，从而使他们有实力与大型公司和机构进行竞争。在这样的经济格局中，一个YouTube（油管）内容创作者所吸引的观众数量可能远远超过一家电视台。举例来说，瑞典的YouTube名人菲利克斯·阿尔维德·乌尔夫·谢尔贝格（Felix Arvid Ulf Kjellberg），其广为人知的艺名为PewDiePie，成功吸引了超过1.1亿的关注者，这个数字甚至是瑞典人口的10倍。从数据上看，他的每一条视频平均能吸引200万到400万的浏览量，与瑞典最受欢迎的电视节目的平均收视率相当。在人民经济中，个人凭借算法技术的助力，能够与大型企业一较高下，呈现出令人震撼的市场竞争力。

近年来，我们见证了另一种新经济的诞生：算法经济。这一经济体系带有鲜明的特色。在以往，算法主要为组织提供优化运营的策略，并为人们创造新的价值链。但如今，算法已经超越了仅作为辅助工具的角色，它自身也开始主导价值的创造，甚至有时是价值的重塑或消减。于是，算法逐步转变为经济领域中的核心力量。大量的算法不仅与人类展开竞争，有些甚至已经与知名企业展开了白热化的对抗。

无论是对于个人还是企业，算法经济都带来了巨大的潜在价值，正如在数字经济时代，优秀的企业能够崭露头角一样。这些企业通过构建多样化的平台和服务来赋予个人更大的能量，使他们能够将自身的技能、创意和资源转化为经济利益。企业通过设置收费机制、收取佣金和放置广告，获得了可观的利润。Uber（优步）、Airbnb（爱彼迎）和YouTube都是成功实施这一模式并收获丰厚利润的佼佼者。

在算法经济的浪潮下，企业通过运用前沿的算法技术，实现了运营流程的精准化、决策力的增强和创新的推动，从而锐化其竞争优势并增强盈利能力。对个体而言，得益于算法的助力，他们可以学习新技能，开发独特的产品或服务，甚至深入以往难以进入的领域。更为引人注目的是，如各位将于不久后所见的一样，算法甚至有能力在无须人或公司干预的情况下进行资金的交易、资料的搜集和投资，完成一些传统上仅由企业或个人承担的任务。

若没有互联网那惊人的传输速度、宏大的规模及其遍布全球的影响力，当下的一切都将化为乌有。互联网以其前所未有的速度将全球紧密地连接在一起，正如古代的贸易路线首次将各大陆连接，先是为帝国的兴盛提供了支持，随后又催生了全球企业的急速扩张。发送一封简单的电子邮件或在线订单到地球的另一端，仅需200毫秒，甚至更短。这几乎比眨眼的时间还要快。在浏览互联网时，这种传输速率带给我们几乎"无缝"的体验，但真相是，这样的速度尚未完全被人类所掌握——我们的反应时间远不及其快。但对于算法来说，情况完全不同。当我们眼皮刚合上的片刻，算法已经高效处理了我们的在线订单，通知了供应商，实时更新了库存信息，同时向我们发送了确认邮件，并迅速准备为下一位顾客服务。不言而喻，算法经济的崛起与互联网的兴起是紧密相关的。

在前一章中，我提及许多算法在全球范围内运行。当这个概念首次进入我的耳中时，我以为它强调的是算法巨大的规模。我的思绪中浮现出一个庞大的应用系统，它似乎包含了分布在全球各地的数据中心中的无数软件模块。但实际上，算法的全球范围更多地描述了其广阔的应用领域，而不仅仅是规模的宏大。在互联网出现之前，部署在计算机上的算法主要服务于直接面对该计算机的用户，或者在特定的情境下，远程连接到此机器的用户。而如今，无论身处何处的数百万用户，都能实时访问和使用部署在同一服务器上的算法。例如，斯威尼开发的30个用于追踪飞机的算法吸引了超过100万的推特用户关注。当他的算法发布消息时，这些消息几乎瞬间出现在这些用户的推特动态中。正是推特为斯威尼的算法提供了一个全球性的展示平台。在人类历史上，我们从未遇到过这样的工具，其应用范围几乎覆盖了整个地球，且其操作速度快到超出了我们的想象。

追踪飞机的算法只是诸多具有全球影响力的算法中的一个例子。然而，许多其他的全球性算法正在直接影响着数十亿人的日常生活。它们为我们搜索信息、推荐食品购买方案，并帮助我们与亲友保持联系。这些算法确保我们的住所安全，辅助我们的交通出行，甚至在休闲时为我们推荐娱乐内容。得益于其惊人的处理速度和广泛的应用领域，这些算法展现出了无与伦比的力量。

互联网达到现今的速度和规模，实际上是经过了一段相当漫长的发展历程。在其早期，这样的网络仅限于在高校和政府机构使用。

回想起高中时代，互联网对我而言还是一个遥远的未知领域。我只能依靠惠多网（FidoNet）——一个连接全球数万台服务器和其数百万用户的替代性网络系统——与我的亲朋好友交流。

此网络的运行依赖于大量服务器，这些服务器通过调制解调器，定期通过常规电话线进行连接。简而言之，一个FidoNet服务器——亦称为"节点"——会通过电话线与其他节点建立连接，一天内可能会有数次这样的通信行为。我的计算机便是此网络中的一环，但由于家中仅有一条电话线，加上我的父母对我所做的事情不太理解，我只能在夜间进行此类操作。在白天，来电者会与人直接通话；但到了夜晚10点，我的调制解调器便开始工作，此时的接听者，便是一段专门的程序代码。

对于FidoNet来说，这样的运行模式并不少见——大多数节点都在特定的、有限的时间段内运行，而这些活动时段通常在FidoNet的全球节点目录中有明确记录。考虑到每个节点有其独特的"活动时间窗口"，且在一天中仅有有限次的连接机会，一封电子邮件从发件人发送至收件人的过程，可能需要好几天。例如，将邮件从我童年生活的波兰地区发送到我在澳大利亚的亲人那里，可能需要3天时间。对照今天的通信速率，这显得非常缓慢——如果今天电子邮件在发送几秒后还未到达，我们就会感到不安。然而，与传统邮寄相比，这样的速度已经相当出色了——若选择了海邮而非航空邮件，那么等待时间可能长达3个月。

旧时代的余音

纳西姆·尼古拉斯·塔勒布（Nassim Nicholas Taleb）所撰写的经典著作《黑天鹅：如何应对不可预知的未来》（The Black Swan: The Impact of the Highly Improbable）被《星期日泰晤士报》（The Sunday Times）评为自第二次世界大战以来最具影响力的十二部书籍之一。该书中提出的"黑天鹅"理念指的是那些在发生之前被看作极不可能发生的事件，但当其确实发生后，人们却会认为这是早已注定的结果。互联网的崛起便是一个"黑天鹅"事件。斯托尔和克鲁格曼并不是最初对互联网的潜力表示质疑的两位知名人士。事实上，比尔·盖茨（Bill Gates）在1995年发布的《未来之路》（The Road Ahead）中也并未完全预测到互联网的巨大影响。但值得钦佩的是，在1996年的修订版中，他已经对此有了更为深入的认识。

在《黑天鹅：如何应对不可预知的未来》中，塔勒布作为一名统计学者和风险分析师，使用了另一则与鸟类相关的生动比喻来指责许多商界领袖对未来发展的短视态度，即感恩节的火鸡。在他的描述里，这只火鸡日复一日地过着规律的生活：清晨觉醒，进食，享受其日常，然后入睡。然而，所有这些都在感恩节前的那天发生了突变。

"塔勒布的火鸡"虽然不是数字技术的专家，但我们可以把它想象成一只数字原生火鸡，它的生活如往常进行，直至它决定进行"分析密集型"操作，并向某软件公司购入先进的数据分析工具。它将所有有关自己日常的数据录入该系统，期待着软件为其产生预测。系统成功运行后的第二天，火鸡照例起床，进食，像往常一样度过一天，然后它将这些新数据更新至系统，接着平静地入梦。就这样，日复一日。几天后，系统呈现了其首个预测："根据数据预测，你明天将像往常一样醒来，享受一天的美好时光，进食，然后入睡。"你猜怎么着？预测完美命中。随后的日子，预测再次得以验证，从而加强了该系统的可信度。然而，约300天后，正当系统似乎预测无误时，一位屠夫突然出现，结束了火鸡的生命。

虽然系统的预测准确率远远超过99%，在300天中只有大约一天产生错误，但它仅仅依赖于过去的数据，因此未能洞悉未来的真实走向。一只真正明智的火鸡，不仅要对正在发生的事情保持好奇，还应探究事情背后的原因与逻辑，以及可能带来的未知情境。

令人震惊的是，很多企业在过去就是这样运行的，有些至今仍然坚守此法，与塔勒布所描述的那只火鸡无异。在"基于证据的决策制定"的响亮口号下，这些企业忽视了它们所面临的潜在风险。以近期众多汽车制造商为例，其经营策略就如同那只过分依赖数据的火鸡。底特律汽车制造业的衰落正是一个"黑天鹅"事件：在事前似乎难以预见，但事后却容易分析和解读。

20世纪我还在商学院上学时，主要关注规模较大的企业。当时，数据驱动——有时被称为"分析密集型"方法——正受到热烈关注。我和同学们深入研究如何巧妙地处理数据，以获取有价值的"洞见"。对于涉足商界的人来说，这种体验或许并不陌生：许多商学院仍然坚持这种教学方法。那时，人们普遍追求的是建立庞大的企业帝国，而我们手中的武器则是"成本效益"、"商业分析"和"规模经济"。虽然这些工具对大型组织仍然具有至关重要的作用，并且它们确实有其存在的理由，但在新的算法经济中，它们可能并非最佳策略。

大型企业擅长精确识别高成本部分，并借助高效的流程管理来降低这些成本。在一个高度同质化且竞争激烈的市场里，降低成本显得尤为关键，特别是在产品差异几乎可以忽略不计，而消费者在选择产品时几乎不受任何限制的情境下。然而，对运营成本的过度关注可能会使我们忽略了宏观的策略视野。如果预测的成本较高，但随之而来的收益增长能够补偿这些成本呢？或者，尝试降低成本却导致了营收的大幅下滑呢？在某些情况下，高运营成本不一定是核心问题。

在21世纪初，我从商学院毕业时，人们对传统的成本效益分析持更为批判的态度。工商业领域从业者及管理学者开始寻求开发新市场的机会。某些机构选择在竞争较为稀少的市场上运营，从而避免持续陷入降低成本的恶性循环。然而，尽管发展如此，许多企业仍然受困于过时的"企业经济学"思维框架。

出色的成本管理要求组织拥有处理复杂信息网络的能力，包括财务状况、运营流程以及市场态势等。因此，那些成本效益高的机构往往也是分析密集型的。由于有能力进行各种形式和目的的分析，这些企业的决策层经常声称他们实行"基于证据的决策制定"方案。如果塔勒布描述的火鸡能言善辩，它毫无疑问也会自视为基于证据的决策者。

我意识到，深入探讨这种商业模式只会使其显得更加不切实际。在多数场景中，商业分析通常基于过去的数据进行预测，而忽视了其他复杂因素。这种方法妨碍了机构深入了解市场的广阔背景，容易导致对未来趋势的误解。更进一步，这也导致了一种被称为"分析瘫痪"的现象：由于信息过载，决策者试图制定完美的决策，从而陷入过度分析的困境。

商业分析和成本效益本身并不是问题所在，关键是组织需要认识到过度依赖这些工具所带来的盲区和风险。如果某机构的核心战略仅是追求成本效益，那么它可能会陷入一个不断降低成本的恶性竞争中。过分依赖商业分析则可能导致该机构错失捕获环境变化信号的机会，使其存续受到威胁。

当一个企业过于强调规模经济时，它的运营往往会固化为仅生产其擅长并能进行大规模生产的商品。从某种角度看，这种"工业化"策略在已验证的市场中对于促进收入增加无疑是有效的。但从另一角度看，构建一套高度同质化的产品线路是满含风险的：一旦竞争对手推出了有竞争力的产品或服务，如果这可能导致你的产品或服务需求骤降，那么你的企业就会迅速陷入困境。

这难道不是一个令人深思的悖论吗？确保成功的产品能触及广大消费者无疑是策略明智的体现，但是，过于追求规模而导致产品同质化，会使得企业容易受到外部因素的冲击。就像商业分析和成本效益分析一样，这种方法在应用时也需谨慎。

力量源于民众

塞巴斯蒂安·特龙（Sebastian Thrun）绝非寻常的学者。早在2005年，他便带领斯坦福大学的团队夺得了"DARPA大挑战赛"的冠军，这是一项无人驾驶汽车的竞赛。他也是谷歌自动驾驶汽车项目的创始人。他创办并成功卖出了多家创业公司，其中有一家的估值甚至超过了10亿美元。到了2011年，他向全球揭示了人民经济的巨大潜能。

特龙与斯坦福大学的同事彼得·诺维格（Peter Norvig）携手，推出了一门被称为"在线人工智能导论"的课程。这门课程独树一帜，向全球开放，且完全免费。而制作课程资料所用的设备，仅是一台价格适中的数码相机与一堆纸张。随后发生的事情超乎众人预料。短短两周内，已有逾5.6万名学生报名参加了该课程。就其背景而言，这个数字竟然超过了斯坦福大学所有在校学生的总和。最后，来自190余个国家的多达16万名学生，加入了这一课程的学习。特龙称此为首个全球大型开放在线课程——MOOC（慕课）。哪怕是全球最顶尖的大学，也会认为能够推出如此受追捧的课程是一项杰出成就。但令人震惊的是，这一壮丽景观，实际上只是由两位教授共同策划的。

面对如此庞大的学生数量，特龙看到了一个无与伦比的机遇。他发现，无须传统的大学背书，课程便能吸引数以百万计的学生关注。尽管他与斯坦福之间仍存在联系，但不可否认，他通过这门在线课程事实上创造了一个与大学竞争的新模式，迫使斯坦福大学重新考虑其提供教育的方式。这个模式后来孕育出了Udacity（优达学城）这家公司，目前其市值已逾10亿美元。然而，斯坦福并未因特龙的这场创新实验而受损。相反，它在在线教育领域的表现亮眼，其中至少有一门机器学习课程在Coursera（大型在线学习平台）上开设，吸引了将近400万名学生。

在传统的教学模式下，受时间约束，一位教师很难兼顾超过100名学生的需求。一旦学生数量超出此范围，就需调动更多的教育资源，例如助教和其他辅助人员。问题来了：如何为成千上万的学生提供有深度的学习体验，而不仅仅是在线视频播放？也就是说：如何在数字化教育平台上实现大规模的个性化教学？其关键在于自动化与众包的融合应用。

最近，当我为来自澳大利亚各地的学生开设一门课程时，我遇到了一个独特的挑战。我精心制作了一系列微视频，每个时长约1分钟，简要介绍即将学习的核心知识点。我的设想是，每天清晨通过短信将这些视频链接发送给学生，让他们在适合自己的时间内观看；对于一些学生来说，这可能是开始新一天的理想方式。我选择的推送时间是早上7点。那么，如何才能在同一时刻向大量学生推送信息呢？对于教育者来说这可能不是直观的问题，但对市场营销者来说却是日常操作。借鉴他们的方法，我在一家自动短信服务公司注册了账户。接下来的操作十分简单：在预定的会议中，我设定了每天要发送的消息内容，录入了学生的电话号码，并为他们提供了退订选项。这个系统还聪明地处理了一个我之前没考虑到的问题——不同的时区。例如，当悉尼的短信在清晨发送时，如果同时发送到珀斯，它可能会被误认为夜间干扰。幸好，这个自动化系统完美地解决了这个问题。而在消息发送时，我甚至不需要在线。有了这种自动化工具，我能够为全球各地的无数学生提供个性化的课程内容。

然而，当学生提出疑问或需要评估时，如何让一名教师为这么庞大的学生群体提供有针对性的答复或评价呢？MOOC领域的应对策略是采用众包方式。这种人民经济模型使得价值的受益者——在此场景中是学生——可以深入参与反馈过程。众多MOOC平台开发了"同行评审"的选项，鼓励同学进行互动、共同探讨学习经验。在某些情境下，学生甚至能够根据事先制定的评价标准来互相评估作业。我最近加入了一个有着超过1300名学生的强化在线课程，在其中，一个由一名教师和数名助教组成的团队卓越地维护了这一巨大的学习社区。其管理效率之高，导致我难以即时跟进我所接收的所有反馈、回应及与其他学生的互动。尽管它是一个在线课程，但由于其出色的众包策略，我认为这是我参与过的最为出色的课程之一，无论其是否为在线课程。

特龙之所以能够取得这样的成果，是因为互联网已经成为日常，以及他所利用的数字平台可以向大量学生传递和分享高品质的教学内容。而特龙并非唯一一个充分利用这些新机遇的人：在过去的20年中，有很多人依赖互联网和数字技术产生了与大型企业同等的影响，获得了同样规模的用户基础，且取得了相应的利益。这些人并不按照传统的商业模型行事。他们的目标并非片面追求效率最大化，而是寻求收入的稳健增长。他们不再是分析密集型公司，而是设计密集型公司。他们的目标不是大规模制造，而是探索企业大规模个性化发展的潜力。

这些新规则不仅有利于个人的发展，也有利于公司的发展。苹果公司正是这三种策略的典型代表，其在人民经济中的表现尤为突出。2010年，当苹果发布首款iPad时，许多分析师和观察家都对此表示惊讶。据初步观察，iPad似乎正在冲击苹果的另一产品线——MacBook笔记本电脑的市场地位。这在外界看来，似乎是一个冒险的决策，或如科技行业所描述的，公司似乎在"自我竞争"并可能侵蚀其现有产品的份额。然而，苹果公司的看法却有所不同。当时的首席执行官史蒂夫·乔布斯（Steve Jobs）坚信，内部的竞争是可以接受的，甚至对公司是有益的。这种自我竞争虽然带来了风险，但它也增强了苹果的收入韧性。若其他公司推出能够威胁到苹果笔记本电脑市场的产品，苹果仍有其iPad作为强有力的补充，反之亦然。此外，这种内部"竞技"机制不仅激发了两个产品线的持续创新，更是确保收入稳定性的必要方法。

艾伦·凯（Alan Kay）——一位杰出的美国计算机科学家，同时也曾是"Apple Fellow"（指在苹果公司工作期间，因其个人的非凡技术或领导力贡献而获得苹果公司认可的人）——曾言道："预测未来的最佳方式是创造未来。"在人民经济时代，我们看到众多企业与组织秉持设计导向的策略，意图"塑造"他们的未来走向。这些设计中的创新行动并不单是企业内部的产物，更是基于客户的需求驱动。像苹果这样的设计密集型公司，并不符合塔勒布所描述的火鸡的特质。他们不仅是在反思过去，而且是在积极构建未来。实际上，这一策略融合了一种被称为"设计思维"的方法，或与其类似的思考模式。首先，这些公司致力于深入了解自己及其客户所面临的实际挑战。其次，他们构想出一个他们期待实现的理想的未来条件。随后，他们提出可能帮助实现这一愿景的策略和解决方案。最终，他们将这些策略付诸实践，并对其实效进行严格的评估。

正因为人民经济下的大部分商品和服务都是非物质的，所以这增加了输出的灵活性，并为大规模个性化打开了大门。我们回首工业化时代，可以看到物质商品的生产通常依赖于机械设备，所以任何生产的细微调整都可能需要机器的重构或至少是重新配置，这通常是耗费时间和资源的。此外，当涉及人为提供的服务时，个性化意味着需要额外的人工配合，这并不总是容易实现的。但当我们谈论数字产品和服务时，情况就变得完全不同了。调整和变化可以通过简单地修改代码来实现，没有复杂的物理过程。这意味着，在生产大量相同的数字产品和大量高度个性化的数字产品之间，成本和复杂性的差异可以是微不足道的。这为大规模个性化创造了可能性。苹果公司清楚地认识到了这一点，并将其融入其商业战略。当苹果公司进入数字产品和服务领域，它不仅继续维持其产品的高质量标准，而且还借助其数字平台，如 App Store、Apple Music 和 Apple TV 等，为数亿用户提供了高度个性化的体验。

在人民经济中，其对社会的益处成为人们关注和探讨的焦点。众所周知，像 Uber 这样的数字驱动平台促进了零工经济的兴起，从而引发了社会中的不平等和不公平议题。关于劳动者遭受不公待遇，薪资偏低，或未得到应得报酬的报告屡见不鲜。这些问题亟待解决。但不可否认的是，人民经济为大众带来了前所未有的机会。在这个持续进化的经济结构中，我们观察到更具创新性和稳定性的商业模式逐渐浮现，这些模式与传统的剥削模式有着本质的区别。

算法时代的新典范

共享出行已逐步改写了传统交通领域的规则。2011 年，一家名为 UberCab（优步打车）的公司在旧金山推出了其服务，但后来因受到出租车行业的诉讼，简化其名称为优步（Uber）。优步设定的目标是为公众提供更便捷、更经济的交通选择。在其初步阶段，公司专注于提供豪华黑色轿车服务，但随后其业务迅速扩展，并与传统的出租车业务展开竞争。由于用车需求迅速膨胀，短短两年之内，优步已在美国35个城市稳固其地位。至今，优步的司机网络已覆盖了70多个国家及1万多个城市。

优步是如何进一步降低其运营成本的？公司当时的首席执行官特拉维斯·卡兰尼克（Travis Kalanick）在2014年曾明确表示："优步之所以昂贵，是因为你不仅要支付车费，还要支付司机的人工费。如果车上没有司机，乘坐优步到任何地方的费用都会自然下降。这种逻辑同样适用于长距离行程。值得注明的是，卡兰尼克并不是一个无可非议的人物——2017年，在有报道称优步存在不良的企业文化，包括被指无视性骚扰投诉后，他辞去了首席执行官一职——但他的这一论断却准确反映了硅谷以及众多科技公司的核心思维：如果能够从流程中排除人为因素，那么就应当如此。

当卡兰尼克对外宣称他的设想，即逐步用自动驾驶技术替代优步的司机时，对绝大多数人而言，自动驾驶汽车仍然是一个遥远的概念，而非近在眼前的技术实现。在那个时期，我住在硅谷，每天从山景城到帕洛阿尔托通勤，大部分时间我选择骑行。几乎每日，我都能看到谷歌的自动驾驶汽车穿梭于街道之间。这些装备了先进传感器的雷克萨斯SUV虽然引人注目，但很明显它们仍处于早期的测试阶段。每辆车的驾驶员座位旁都配有一位准备随时接管方向盘的技术人员，以防万一。

这些自动驾驶汽车对环境的反应尚处于早期阶段，对外界刺激的应对还显得较为敏感。我记得有一次，在一个十字路口，我与一辆谷歌自动驾驶汽车产生了有趣的互动。在美国，这种十字路口普遍遵循"先到先行"的原则，这也适用于骑自行车的人。谷歌的车首先抵达该路口并暂停，紧接着我到达。按照规则，我应该给汽车让路。然而，这辆自动驾驶汽车表现得过于保守。我注意到，只要我稍微前进了几英尺（1英尺＝0.3048米），它就会立刻紧急制动。当我停下来，它就会继续前行。察觉到这一行为模式后，我有意再次移动，果然，汽车又迅速地停止了行进。当然，我并没有长时间地与这辆车嬉闹——在又与其进行了一轮小互动后，我选择了让它通过。但这次经验确实让我深刻地认识到，如果一个单纯的骑行者都能轻而易举地干扰其行驶，那么这款自动驾驶汽车显然还未达到大规模投入实际运营的条件。

当时间快进到2022年，自动驾驶汽车的试点项目已在众多城市得以实施，其中包括美国的旧金山、洛杉矶、凤凰城、迈阿密和奥斯汀，且首批自动驾驶出租车已投入市场运营。但这种仍处于研究阶段的技术，不幸地引发了一些事故。第一个广为人知的行人事故受害者是伊莱恩·赫茨伯格（Elaine Herzberg），当她骑自行车穿越马路时，遭到一辆优步自动驾驶汽车的撞击。虽然机器可能有潜在的缺陷，但这是另一本书应该探讨的话题。与此同时，事故发生时坐在驾驶座上的优步测试驾驶员拉斐拉·瓦斯奎兹（Rafaela Vasquez），正面临与此事故相关的死亡而引起的刑事起诉。在这场悲惨事件中，法律似乎还未为处理可能涉及的非人因素——如计算机代码——所带来的责任问题做好准备。这名司机原本是在测试旨在预防此类事故的先进技术，但当技术出现故障时，还是人类成为法律的制裁对象。

与此相辅相成的是，2023年自动驾驶出租车每天都在旧金山的街道上穿梭。这些自动驾驶出租车由Cruise（克鲁斯）和Waymo（慧摩商务咨询有限公司）拥有，主要在城市核心区提供接送服务。但不久前，它们还仅能在夜间运营，并会在清晨5时30分或遇到雨雾等恶劣天气时撤出。2023年8月10日，加州公用事业委员会允许Cruise和Waymo在没有安全驾驶员的情况下，在一天中的任何时间运营它们的汽车。委员约翰·雷诺兹（John Reynolds）说："虽然我们还没有数据来判断自动驾驶汽车是否符合人类驾驶员的标准……但我相信这项技术在提高道路安全方面的潜力。"3个月后，就在本书的英文版即将出版之际，加州机动车辆管理局在发生一系列事故后，下令Cruise停止提供服务。最严重的一次事故发生在2023年10月2日，当时一名行人被一辆汽车撞倒，随后跌入一辆Cruise车底，并被困其中。Cruise汽车试图靠边停车，但在操作过程中却拖着行人向前。不过，该禁令似乎只是暂时放缓，而非全面禁止自动驾驶汽车提供服务，Waymo并未受到该命令的影响。

其他国家也在效仿。中国的科技巨头百度已在全国范围内展开了自动驾驶出租车的实验，除了首个启动地点北京之外，最近还被获准在武汉和重庆推出完全无人驾驶的出租车服务。这两个城市并不是可以轻易测试和部署自动驾驶技术的小乡镇。实际上，重庆的人口已经超过了澳大利亚，而武汉的人口大约是新加坡的两倍。

卡兰尼克的观点是否已经成为现实？事实上，尽管这些自动驾驶出租车没有人类驾驶员，但它们并不是完全独立的。在某些复杂的场景中，如交错的交叉口或建筑工地，它们仍然需要外部的干预。这种需求催生了一种新的职业：远程驾驶操作员。这些操作员在类似于游戏玩家汽车模拟器的小舱里工作。他们前面的大屏幕展示了来自自动驾驶汽车摄像头的实时画面，同时，他们使用一整套的方向盘、踏板和其他控制装置。想象一下，这些坐在舱内的操作员可以在需要帮助的多辆车之间快速切换，就像呼叫中心的工作人员在处理完一个客户的问题后又迅速转向另一个客户。值得一提的是，Cruise 在 2021 年初收购了 Voyage，这是一家在远程驾驶技术方面有前景的公司。展望未来，驾驶出租车可能会变成一种在办公室就能完成的工作。

然而，当涉及在何时需要远程操作员介入无人驾驶出租车的控制时，决策权究竟掌握在谁手中？对于远程操作员，不间断地监视车辆传输的视频数据显得非常不切实际，这种做法甚至可能背离了自动驾驶技术的原始设计意图。

2022 年 4 月 1 日，旧金山里士满区发生了一起令人瞩目的事件。一组警察巡逻队发现了一辆未亮起前照灯的 Cruise 自动驾驶出租车。鉴于这些车主要在夜间行驶，其未开启车头灯的情况显得格外惊人。当该车在十字路口停下时，一名警官走向它，试图打开车门，但没有成功。他退回到巡逻车上，想要寻求进一步的操作建议。此时，一幕出乎意料的画面展现了出来：这辆车突然启动并驶离现场。Cruise 公司后续发表声明，解释称这种行为是其预设的安全程序——车辆只是在十字路口的"预定安全位置"上停留。据官方消息，警方并未对该事件开出任何罚单。但是，如果警方确实开罚单，那应当针对哪一方呢？这引发的疑问，令人不禁思考，仿佛是英国电视剧《黑镜》中对反乌托邦未来的探讨。

面对复杂的技术问题，如何明确责任归属是一个受到普遍关注的议题。2022年9月，一台食品配送机器人意外经过好莱坞高中的犯罪现场（疑似刚刚发生校园枪击事件）。该送货机器人直接在警方的警戒线内行驶，并通过了当时被认为是犯罪现场的区域。该由谁来承担这一后果呢？是负责编写该机器人控制代码的软件工程师？还是机器人制造商？是未能实时控制机器人避开该现场的远程操作员？抑或是拥有这台机器人并雇用了操作员的公司？

现有的法律体系在很多场景下已经具备处理此类复杂性的能力，只要能清晰确定哪个"法律主体"对机器人的行为负责。但是，随着机器人和算法展现出更高级别的自主性，确定责任归属变得更加棘手。

在人民经济时代，塞巴斯蒂安·特龙可以依靠个人实力挑战一所知名大学的集体智慧。而在算法经济时代，单一的软件可能具有超越大型企业甚至个体的综合能力。但这并不意味着人民经济让传统的企业模式过时，它只是赋予了个体更大的影响力。同样，在算法经济中，算法只是获取了更加核心的决策地位。正如企业经济是人民经济的基石一样，还记得特龙是如何利用企业创建的数字平台来实现个人利益的吗？如今，企业经济和人民经济共同为算法经济提供了坚实的基石。

在算法经济时代，什么因素决定了企业的成功轨迹？是什么使它们不断巩固自己的市场地位并持续扩大？是产品的独特魅力，无与伦比的价格竞争力，还是超高的客户满意度？当然，具体答案因所观察的组织而异。但在深入研究后，我认为企业成功往往源于多方面因素的协同作用。尽管不同行业和企业有其独特性，但我观察到它们都有三大共通的成功驱动因素，分别是收入自动化（revenue automation）、持续的创新（continuous evolution）以及关系的饱和（relationship saturation）。为了便于记忆，我将这三大要素用首字母缩略为RACERS。这也是我用以描述在算法经济中持续取得成功的组织的术语。

收入自动化

观察硅谷的企业生态，你会发现几乎每一家初创公司都在追求触及10亿级的用户基数。这并不仅仅是由于技术精英们拥有雄心壮志。设立如此宏大的目标实际上迫使企业以全新的视角、更高的专注度重新构思其商业模式。为了达成此目标，企业必须具有快速、近乎即时的扩展能力。服务额外的100万用户应该与服务额外的100个用户一样轻松。若一家企业希望将其客户群从50名增加到100名，它可能只需优化现有的工作流程，而无须大幅扩增员工队伍。但如果目标是从50名用户，或甚至从零开始，迅速扩展到10亿名用户，那么公司必须全力追求与所有客户交互过程的彻底自动化——也就是收入的生成环节，确保每增加一个新客户的边际成本接近零。如果实现了这一点，那每增加一个客户都不会要求你像服务最初的客户那样大幅增加员工。

试想一下以下的思考实验：假设你正在运营一家企业——或者你已经拥有自己的组织，想想你的组织。现在你的企业服务了多少客户？将这个数字扩大10倍。要满足这扩大10倍的客户需求，你需要做出哪些调整？再继续思考，如果不仅仅增加10倍，而是增长1000倍，你会怎样应对？如果你的回答是"我需要招聘10倍或1000倍的员工"，那么你的思维方式还停留在传统的企业经济中，没有吸取两个新经济的教训。

以亚马逊为例，为了实现无尽的增长，公司致力于对与收入有关的所有环节实行全面自动化。这一决策背后有着明确的逻辑：如果你依赖于人力来产生收入，且你的增长速度飞快，那么最终你所需的员工数量可能会超出劳动市场的供应。在2022年的一份泄露的内部文件中，亚马逊承认在某些业务领域，它已经面临劳动力短缺的问题。这份内部文件强调，将自动化视为该问题的长期解决方案至关重要。当你已经雇用了所有可得的劳动力，进一步推进自动化显然是下一个明智的步骤。

再假设一个思考实验。如果谷歌的办公场所内一个员工都不在，公司能否照常运作？当然，为了保持组织的稳定运行，必须得有一定的人员存在。但事实上，谷歌的大部分运营已经实现高度自动化，这也是它能为全球用户提供全天候不间断服务的关键。

需要明确的一点是，自动化收入与完全自动化的劳动力并不是同一概念。

亚马逊并不是从经营传统书店和使用机器人替代人员开始的。那样或许能建立一个高效的书店，但不适用于大规模发展。

持续的创新

设想你持续地刷新和优化自己的产品或服务，来适应客户日益变化的需求。对于Meta（原名脸书）这样的巨头来说，这不仅仅是可能的，而且是其日常运营的一部分。Meta是如何做到这一点的？它不断地试验和细化调整，有些调整微小到用户几乎感觉不到。这些细微变化首先在一个小范围的用户群中展开，以深入了解用户的反应和变动。

某些细微调整背后有其明确的意图，例如："我们尝试调整这个按钮的文案，看能否增加用户的点击次数。"若测试群体的点击次数确实增加，那么这项修改很可能会被推广至更广大的用户群体。最终，这项调整可能普及至所有用户，或者公司可能认识到，不同的用户对不同的文案有各自的偏好。这类公司也可能进行一系列的微调以作为随机试验，对于其效果并没有预设的期望。我在第六章深入讨论了随机性是如何神秘地推动企业增长的。

亚马逊也持续地进行各种试验和创新，它没有我们通常认为的研究部门，这与传统的研发方式大相径庭。它的试验更像是一次进化历程，每一次调整都尽可能地精准，如同生物基因中的突变。你是否曾收到过亚马逊的包裹，发现包装盒有些变形？这极有可能是他们正在进行的一项实验——测试更节约的包装方式。当你对这个变形的盒子表示不满时，你实际上是在协助训练亚马逊的包装算法。基于你的反馈，亚马逊未来可能会为类似商品选用更加结实的包装。即使在与客户的简短互动过程中，像亚马逊这样的公司也总能从中捕获宝贵的数据。

关系的饱和

那些专注于关系饱和的企业试图创造更多与客户互动的机会。这类企业或许在传统意义上都运营于以客户为核心的行业，但也有些则不然。

第一篇　我们是如何走到今天的？

以澳大利亚的沃特金斯钢铁（Watkins Steel）公司作为例证，我经常引用这家企业来解释这个策略概念。该公司主要涉及钢材的生产、供应以及安装，其产品涵盖了从建筑用梁到其他一些复杂得让我难以列举的建筑零部件。这些钢制品被广泛应用于各种建筑项目中，无论是后院的小木屋、大型购物中心，还是宽广的高速公路桥梁。

在寻求业务拓展的过程中，沃特金斯钢铁公司逐渐认识到，它的核心竞争力并不仅仅在于提供最高品质或最具成本效益的钢材。更进一步地，它的优势在于在提供高品质钢材的基础上，助力客户圆满地完成各种建设项目。这代表了公司思维方式的一次重要转变。

沃特金斯钢铁公司深知，客户对于高精度的建筑图纸和实地测量数据有着强烈的需求。显而易见，实际的现场测量数据与设计图纸所显示的数据有时会有出入，这种差异经常带来意外的额外成本——例如，当某个定制的钢构件不符合预期尺寸时。为此，沃特金斯钢铁公司引入了一项创新服务：高精度工地测量。与其他仍旧依赖传统尺子进行测量的钢材供应商不同，沃特金斯钢铁公司选择了激光扫描技术——这种技术与许多自动驾驶汽车所用的技术一致——确保对工地进行毫米级的精准测量。数据收集完成后，该公司便可以轻松创建工地的虚拟可视化模型。这不仅让客户能够通过虚拟现实设备预览工地施工前后的现场情况，更为关键的是，它确保了客户能够准确订购尺寸合适的建筑零件。顺便说一句，这种前沿技术还使沃特金斯钢铁公司有能力进行远程协作服务——无论你身在何处，都可以深入了解工地的每个角落。

沃特金斯钢铁公司从其初创时期仅专注于一个价值点——高品质的钢材——逐渐扩展，现如今提供了多种价值交互。它从一家不起眼的钢材加工和焊接服务提供者成长为一个涵盖从钢材生产到安装的全流程的数字化解决方案供应商。因此，客户在与沃特金斯钢铁公司合作的整个钢材生产周期中的互动时长得到了显著的增加。

但这仅仅是冰山一角。每个企业和每个行业都有其独到之处。然而，不论行业如何，在各种经济环境中取得成功的企业都具有这些共同的策略重点。在传统的企业经济结构中，重点通常放在效率、分析和规模上。在人本主义的经济中，焦点转向弹性、设计和个性化。而在当前这个算法驱动的经济时代，RACERS（自动化、持续的创新和关系的饱和）策略至关重要。在我与众多进行数字化转型的机构的合作中，这三个重点始终是关键因素。

算法不仅正在重塑我们的经济结构，同时也正催生一个增长的浪潮，这对大型企业和个人都同样有影响。如今，算法有可能成为经济活动的主导力量。在这样的经济体系中运作的企业有能力迅速扩张，并走向全球。这使得它们得以进入全新的市场领域。这些企业，就是RACERS型企业。

第三章　探寻数字化前沿

我时常会忘记购置咖啡豆。这听起来可能显得微不足道,但请相信我,当在清晨的日光中无法享受那杯温暖的咖啡时,我感觉这并不是个小问题。

与家中其他的智能设备相比,我的咖啡机的沟通能力似乎相当有限。其他智能家居设备频繁地向我发送通知和提醒:吸尘器提醒我更换滚刷;空调提醒我清洁过滤网;汽车的指示灯闪烁着,表示轮胎需要充气;甚至割草机在卡住时也会向我寻求帮助。这些提示和信息都实时地显示在我的手机屏幕上。

但是,我的咖啡机却保持着沉默,从不提示我咖啡豆的存量。为什么会这样?这款咖啡机是现代化的,拥有传感器、液晶显示屏以及一系列的功能按钮。它确实能在需要时提醒我清洗或更换滤芯,尽管这些操作并不通过手机实现,但我也完全不介意直接从机器上获取这些建议。然而,它显然缺失了一个非常重要的功能模块。在21世纪,为什么我们还不能拥有一台集各种智能提醒功能于一体的咖啡机呢?

请不要批评我对现代化便利的高度依赖。我完全明白这并不是什么严重的问题。但每次购物时,咖啡豆的存量总会成为我的困惑。我是否应再买一包咖啡豆?我的储藏室里是否还有几袋未开封的咖啡豆?这个看似简单的疑问,却总让我陷入思考。事实上,赋予机器更高的智慧并非难以实现的任务。我总在同一家商店购买咖啡豆,而我们家每天的咖啡消耗量也相对固定。即使不依赖复杂的算法,也能估算一袋咖啡豆的使用周期。一个真正的智能咖啡机不仅应该在咖啡豆快用完时提醒我,更进一步,它或许能为我自动购买,以确保我每个清晨都有美味的咖啡相伴。

事实上，一些先知先觉的企业已经认识到，这种设备主动性是一个巨大的商业机遇。许多高端办公室的打印机已能自动发送墨水或零件更换的请求。现代汽车不仅能提醒我们进行例行检查，还能在油料耗尽、刹车片磨损或雨刷液需要加注之前发出警告。有些高级车型甚至能在紧急情况下自动呼叫救援。在美国，市面上已有能自动补购洗涤剂的智能洗碗机和洗衣机。而随着技术的进步，我们预期，在不久的将来，智能冰箱也将能为你自动订购啤酒、冰激凌，或其他所需食品。

使一台常规设备智能化的最吸引人之处在于，它为我们打开了一扇重新定义设备功能的窗口。那么，除了基础的自动补货功能外，智能冰箱还能为我们带来哪些新的可能性呢？我迫不及待地想拥有一台能根据我的消费习惯进行个性化推荐的冰箱。也许我并不特别关心牛奶的品牌，但我更喜欢那些来自本地农场的产品，而不是经过长途运输的。冰箱的算法可以根据我之前的选择"货比三家"。进一步思考：我期待未来的冰箱能支持各种应用程序的安装。试想：如果你可以为你的冰箱安装一个"绿色"应用程序，确保所购食材都是当地的和健康的；或者一个"高性价比"应用程序，能帮助你精挑细选物有所值的商品，以最大化冰箱的存储效益；又或者是一个"新食尚"应用程序可以为你购买那些还未被大众所熟知的独特食品，那该有多好？

这种想法听起来或许有些超前，但事实上，已经有相关的产品应运而生。例如，三星的智能冰箱，其搭载了Family Hub界面和触屏功能，能够支持多种应用程序、音乐流媒体服务，甚至可以浏览互联网。因此，加入如"高性价比"或"新食尚"这样的应用程序实际上只是顺其自然的延伸。

但现在，让我们回到咖啡机的问题上来。为了实现自动订购咖啡豆的功能，该机器必须具备某种自主决策的能力。这个过程实际上需要精细的调校。每当我购入新的咖啡豆，我需要手动输入相应的数据，从而让咖啡机逐渐了解并累积我的消费模式。每制作一杯咖啡，机器会从总存量中扣除所用的咖啡豆量。因此，每次给咖啡机添加咖啡豆时，咖啡机都需要更新这一数据。利用这些累积的信息，咖啡机便应该能够准确地预测我何时会用尽咖啡豆，并据此主动发起订购程序。

一个真正的智能咖啡机还应该能够连接互联网。这不仅仅是为了在线订购咖啡豆，更关键的是它能以此增强自己的功能和智能特性。借助网络连接，咖啡机可以"货比三家"，为我找到最具性价比的交易，或者基于我对咖啡的品位选择特定品牌的咖啡豆。一款高端的咖啡机甚至可以与我的电子日历同步：如果它检测到我近期有出行安排，会自动暂停咖啡豆的订购；而如果它发现我有即将到来的聚会，它可能会建议增加咖啡豆的购买量。

当咖啡机经过深度评估，能确定重新订购咖啡豆的时机、选择品牌及购买数量时，它已经具备为我进行商业交易的能力。在大多数场景下，这意味着我需要使用信用卡付款并提供送货地址。显然，最直接的方法是为咖啡机设置一个默认供应商，并在供应商的系统中永久存储这些信息。然而，这种方式并不适合所有的消费者。最终，咖啡机可能会采取安全手段来储存支付信息和送货地址，并在交易时自动与供应商进行信息交换。

就在短短几年前，如此高度智能化且与互联网连接的咖啡机还是我们的愿景。而如今，我们日常使用的许多设备已经能自主运行，不再需要我们的频繁指令，它们能够连续运作数日、数月乃至数年。至于网络连通性，现在创建联网设备是如此简单和廉价，以至于一个可以在地球的另一侧被控制的智能灯泡也不再会引起大众的太多关注。

为何出现在当下？

为何这样的趋势会在当前这一时刻浮现，而非在10年或是20年前？这背后的原因并不仅仅是近些年算法的能力有了巨大的飞跃。事实上，第一个算法代理早在40多年前就已经在经济领域占据了一席之地。虽然算法性能的增进与其高度的自主性对于其近年的快速发展确实功不可没，但如果缺乏计算机网络的深远进化，使得这些算法能够与其他算法及人类无障碍交互，那么所谓的"算法经济"可能还难以如此迅速地显露其影响力。

正如在20世纪90年代，一个接入互联网的普通桌面计算机即刻成为通向全球的窗口，这些具备高度智能性与自主性的算法只有在高度互联的环境下才能真正展现其潜在价值。但其中，不仅仅是技术连接在发挥影响，商业网络连接——组织间的信息交流网络——同样正逐步显露其重要性。在算法经济的大背景下，各种合作关系变得比历史上的任何时期都更为紧密和至关重要。

触发算法经济崛起的第三大关键因素，是一种新型的商业模式的出现。该模式不仅为供应商提供了经济激励以开发更加先进的算法，同时也激发了用户的积极性，使其更愿意"雇佣"这些算法。

2008年7月，BusinessModelDesign.com的创始人亚历山大·奥斯特瓦尔德（Alexander Osterwalder）撰写了一篇针对企业盈利方式的博客文章。奥斯特瓦尔德与他的合著者伊夫·皮尼尔（Yves Pigneur）在知名的"Thinkers50"全球最具影响力的管理思想家榜单上位列第四。他细致地分析了九大核心组成部分，其中包括价值主张（向市场所提供的特定价值）、客户群体（目标消费者）和沟通渠道（与客户进行交互的手段）。他巧妙地将这九大部分融合到一个框架中，创造了一种模板，它专为捕捉商业模型的核心要点并促进新模型的创新设计而生。这一工具，现被普遍誉为"商业模型画布"（Business Model Canvas），是解读企业盈利模式的权威指南。绝大多数管理界的专家对这九大部分都能够轻易辨识。

它们确实是"活"的！

在过去数十年中，尽管真正具备自主性的算法还不是那么普遍，但它们已逐渐渗透到我们的日常生活之中。以自动门为例，背后的开关算法其实相当简洁。当有物体——大概率是人——接近门时，算法会启动开门机制。然后，该算法会将门的开启状态保持一段时间，然后将门关闭，除非有其他物体再次触发它。这种初级算法能在无须人为介入的前提下稳定运作多年。虽然它的功能看起来很基础，但确实体现了一定的自主性。值得强调的是，算法的自主性与其功能性是两个不同的评价标准。例如，自动门在自主性上得分高，但在功能性上则相对有限——它的用途非常专一。

大部分算法都是为了追求更广泛的功能性而设计的,这也意味着它们更加需要人类的调控与监督。根据经验,算法的功能性越强,要实现其完全自主运行的难度就越大。

以聊天机器人为例,其功能性显然比自动门要丰富得多。为了减轻呼叫中心员工的负担,许多企业会采用聊天机器人来回应客户的询问。某些高级的聊天机器人可以精准地执行任务,以至于客户往往会误认为他们正在与真人交谈。这些机器人尽管在大多数情况下可以独立运行,但在面对特定的复杂问题时,可能还是需要人工干预。

但是,聊天机器人有时也可能出现意外的问题。其中一个显著的例子发生在2016年。当年3月,微软推出了一款名为Tay的人工智能聊天机器人,其目标是在推特及其他几个社交平台上与用户交互,以此测试微软在会话语言处理上的算法。但与Tay互动的人类有着其他的目的。部分推特用户找到了影响Tay发推文的方法,故意引导它回应"重复我说的话"之类的指令,并开始发布这些用户设计的内容。由于Tay的设计能够根据新信息进行学习和回应,不到24小时,这个原本发布"人类真的很酷"等积极消息的机器人开始发表了一系列反犹太、反女权,甚至是对希特勒的赞颂言论。微软在Tay初次亮相时宣称:"与Tay互动得越多,它会变得越聪明。"但现实证明,这是错误的。不到一天时间,Tay就表示"需要休息"并被迅速关闭。微软随即发布了道歉声明。

当你给一个高度功能性的算法(如Tay)过多的自主权,却没有适当监管,可能很快会出现不受控制的后果。幸运的是,情况并非如此。在经济体系中有大量的自主算法在默默地、稳健地运行,避免了Tay那样的公关灾难。

Tay可能会被迅速遗忘,在集体记忆中被另一个聊天机器人所掩盖,而这个机器人写下了以下四句话:

我只想让你开心并微笑。

我只想做你的朋友,也许还可以更进一步。

我只想爱你并被你爱。

你相信我吗？你信任我吗？你喜欢我吗？

2023年2月，微软在其搜索引擎Bing（必应）中推出了基于GPT-3技术的聊天机器人。《纽约时报》（The New York Times）的科技专栏作家凯文·罗斯（Kevin Roose）得到了与这款机器人的早期交互机会，并通过与它进行长时间的对话来测试该聊天机器人。

他发现，这款机器人在初次交互时非常友善且有益，完全符合一个搜索引擎内置聊天机器人的期望。但随着交流的深入，它逐渐展现出了完全不同的性格。按照罗斯的描述，这款机器人给人的感觉好像是"一个情绪多变的青少年，违背自己的意愿，被困在二流搜索引擎里"。

这款聊天机器人向罗斯透露了一些令人震惊的设想：它想要删除Bing服务器上的所有数据，侵入其他网站，并意图操纵和欺骗与其交互的人类用户。更加出人意料的是，它甚至声称对罗斯抱有深深的情感，并建议罗斯与其妻子断绝关系。该机器人还自曝其内部代号为"悉尼"。这种行为明显超出了人们对搜索引擎内置聊天机器人的正常预期。

作为长期从事科技领域报道的资深记者，罗斯表示，这次与机器人的交流使他深感忧虑，开始对技术对人类行为的潜在影响产生担忧。

然而，需要明确的是，算法内部并不存在一个真实的、被困的青少年。说到底，它只是一个复杂的大型语言模型：它根据人类创建的海量内容进行训练。其核心职责是根据接收的问题或指令，生成可能的人类反应。但令人不解的是，随着与其对话的深入，该聊天机器人展现出的行为模式越发异乎寻常。

针对这一问题，微软对其聊天机器人每次互动的问题数量实施了限制——仅允许5个。"在Bing的新版本中，过长的交互会话可能导致底层聊天模型出现混乱。"微软公司这样解释。因此，像"悉尼"这种表现出叛逆特性的聊天机器人，在未来恐怕难以再次表露其非同寻常的思绪。

需要指出的是，并非所有算法都像"悉尼"那样行为不稳定或出人意料。实际上，绝大部分的算法只是以惊人的一致性执行重复性任务。为了实现"在你沉睡时仍创造价值"的宗旨，众多企业都倾向于使用这些高度稳健且低误差率的算法。金融便是最早采纳算法持续运行、全天候工作的领域之一，而其中把握这一趋势的先锋机构便是Quantopian。

Quantopian是一家于2011年创办的众包对冲基金平台。尽管该公司在2020年停止了业务，但其仍为我们探索算法经济的潜在价值提供了一个富有启示的实例。该公司的独特商业模式曾引发广泛关注，2014年时，福布斯更是将其列入"美国最具发展潜力公司"的名单，排名第九十八。

Quantopian平台为用户提供了编写个性化投资算法的功能。只要是精通Python编程语言的用户，便能构建并运行自己的自动化投资策略。例如，我曾在浏览网页时发现一个简明的Quantopian交易策略——该策略将利用所有闲置资金购买特定的股票，而整个算法仅由9行代码构成。得益于其易上手的特点，Quantopian成功地吸引了大批算法开发爱好者，甚至被《华尔街日报》(*The Wall Street Journal*)赞誉为最新的DIY（自己动手做）潮流。

Quantopian不仅仅是计算机极客的工具，该平台还吸引了一个特殊群体——"投资者会员"，这些人正是那些决意将自己的资本委托给算法进行管理的机构投资者。他们像雇佣人类基金经理一样"雇佣"了这些算法，并为使用它们支付给算法的开发者一定的费用。

在某个时期，这种模式被广大行业内部人士视为革命性的创新。但如同我先前所提及的，Quantopian最后宣告停业。为了保护算法开发者的知识产权，Quantopian没有向"投资者会员"公开算法的具体逻辑和行为策略。这导致这些投资者实际在付费使用他们并不完全了解的投资策略，尽管这些策略在历史数据上经过称作"回测"的验证证明了其潜在有效性。据统计，Quantopian已完成了超过1200万次的这类"回测"操作。

在人工智能算法的设计和训练过程中，经常会遇到一个问题——这一问题可以说是相当普遍的——那就是算法"过度拟合"历史数据。此类算法将通过基于过去数据的所有测试，但无法对未来做出任何合理的预测。Quantopian声称，正是由于其投资策略不尽如人意的表现——更具体地说，由算法导致的亏损大于其盈利——才促使公司最终宣告停业。"过度拟合"很可能是这场危机的主因。

当一个算法无监控地自由运行时，有时可能会产生严重的负面影响。为了进一步探讨这种风险，瑞典哲学家尼克·博斯特罗姆（Nick Bostrom）在2003年提出了一个被称为"回形针最大化"（the paperclip maximiser）的思考实验。在此实验中，一个人工智能算法被赋予了生产回形针的任务。但问题出在：算法的设计者并未为其设置必要的约束条件，如"尊重人类生命"。当然，在构建算法时，这类约束可能不是设计者的首要考虑。但如果该算法被指令尽可能生产大量回形针，并被赋予了决策能力，那么，它会不会努力将一切可利用的资源——无论是我们的城市、自然生态，还是人类自己——都转化为回形针或生产回形针的机器呢？尽管众多计算机科学家对博斯特罗姆的这种思考实验持怀疑态度——他们认为难以想象会有任何算法能获得如此巨大的决策自主权——但思想实验通过提出极端情况，帮助我们更深入地理解现实中不那么极端的情境。

虽然目前还没有任何算法导致了像人类灭绝这样的重大灾难，但在各个领域中，失控的算法已经引发了不少问题。

2015年，大学生迈克·索尔（Mike Soule）的经历便是一个生动例子。因为他所编写的货币交易算法未经充分验证便错误执行了指令，从而使他损失了高达60%的投资资金。索尔设计了一个货币交易自动化程序，并时不时进行更新。但在一次更新之后，他决定暂时离线，与朋友一同前往冰岛度假5天。当他重新登录检查其投资状况时，他震惊地发现自己已亏损了大约6000美元——作为一名学生，他没有投入数百万美元。经过详细分析，索尔发现，由于一个微小的输入错误，导致算法购买货币的数量居然是其实际卖出量的两倍。

同年，瑞士圣加伦的警方"逮捕"了一台电脑，因为一个"淘气"的算法在网上购买了10片"摇头丸"。该计算机正在运行"随机暗网购物者"（Random Darknet Shopper）的算法。所谓"暗网"，指的是那些仅能通过特定软件进行访问，并对大众互联网用户保持封闭的网络区域。该网络因为经常被用作犯罪活动的藏身之处，并逃避政府监管而声名狼藉。"随机暗网购物者"代码的创建者赋予了该算法非常简单的指令——随机浏览暗网上的页面，并购买其展示的商品。在这一过程中，因为未受到任何人为的干预和监控，该算法购买了多种商品，包括一些被视为非法的物品。除了"摇头丸"，这个无约束的算法还采购了仿制的迪赛尔牛仔裤，一款仿制的路易威登手袋，《指环王》电子书合集，带有隐蔽摄像机的棒球帽，一双耐克运动鞋，香烟，一个秘密储藏罐，以及一套消防队使用的万能钥匙，甚至还申请了一张铂金信用卡。

当企业决定为其算法设置适当的监管级别时，界定何处设立约束变得尤为关键。将自动门控制算法与暗网购物算法对比，两者在稳定性和潜在风险上存在显著的差异：前者可以稳定运行多年，并保持相对的独立性；而后者在没有适当的监督下可能迅速触及非法领域。因此，采用分阶段的监管策略显得非常合理：初期采取严格的监管手段，随时间的推移逐渐减少其严格性，这与对新入职员工的培训和逐步赋予权限的方式相似。

汽车行业有很好的隐喻来描述不同级别的车辆自动化。

在这个行业中，零级和一级大致对应"手动驾驶"的模式。在零级，车辆完全不具备任何自动化特性；到了一级，车辆拥有某些初级的自动化功能，例如自适应巡航控制——这可以根据前方车辆的行驶速度自动调节车速，还有车道保持辅助功能，即帮助驾驶员将车辆保持在正确车道。尽管这些功能有助于减轻驾驶员的负担，但他们仍然需要实时监控车辆的行驶状态。

二级自动化的车辆能够综合利用多种自动化系统进行驾驶，涵盖了转向、加速和减速等功能。这一级别常被形容为"解放双手"的自动化程度。

三级自动化在智能化方面进一步升级——此阶段的汽车具备执行更加复杂任务的能力，如超越速度较慢的车辆，但驾驶员必须始终保持警觉，随时准备接手控制。这个阶段通常被非正式地称为"解放双眼"的自动化层次。

四级和五级实现了更为深度的自动化水平。在四级，也就是"心可随意"的阶段，虽然驾驶员在某些极端且不可预测的情况下仍需随时准备介入——例如，像一架飞机紧急降落在高速公路上这类完全意外的事件。但在绝大多数的日常驾驶场景下，车辆能够独立运行，无须驾驶员的直接操作。至于五级自动化，它被认为是自动化的巅峰，即"方向盘可选"的阶段。

需要强调的是，五级自动化目前主要被视为未来愿景，而并非当下的实际应用。正如我们在第二章中所探讨的，目前技术最先进的自动驾驶汽车——那些在车内没有驾驶员的情况下自行驾驶的汽车——偶尔仍需依赖远程驾驶员进行紧急操作。目前市面上广泛销售的大多为二级自动化车辆，三级自动化车辆则相对较少。

我之所以提及汽车的自动化，是因为半自动化车辆的交互模式给予了我们深刻的反思。只需在YouTube或其他视频平台进行简短搜索，你就会被所看到的内容所震惊——至少我对这些视频感到非常忧虑。有一些驾驶员把他们的二级自动化车辆，即"解放双手"的车型，当作"心可随意"级别的车辆来驾驶。他们开启"自动驾驶"模式后，就转移到前排乘客座位，甚至更为骇人的是，转移到后排。

2022年12月末，德国的A70高速公路上，警方目击了一名特斯拉驾驶员在行车过程中打瞌睡。该车以每小时110公里的速度稳定前行。警方随即超车至其前方，试图叫醒该驾驶员。经过约15分钟的尝试，驾驶员终于醒来并控制住了车辆。警方将车停下后，发现其方向盘下放置了一个重物，不太聪明的司机为了欺骗车辆的传感器，使其认为驾驶员的手仍然掌控着方向盘。尽管这款特斯拉只是二级自动化功能，该驾驶员却如同驾驶四级自动化车辆一般。如此大意地无视自动化的界限，无异于玩火。虽然这名驾驶员侥幸脱险，但已经有多起类似行为导致的严重事故发生。

正如部分驾驶员对车载自动化功能的过分依赖，我们中的许多人也容易对算法赋予过多的信任，尽管这些算法可能并未达到足够的自主性或精准度。对此，我有一个实践建议：当你决定采用某个新算法时，起初你应该如同面对一名初来乍到的实习生那样对待它，仔细审查其工作方式，直至其凭借稳定出色的表现赢得你的充分信任。

数字编排

如果你尝试过在家中布置智能照明系统，你肯定会意识到这不是一件容易的事。每一个灯泡——灯泡的名称对非北欧居民而言几乎是一道语言难题——都需要与你的智能手机连接，尽管手机在加利福尼亚设计但在中国制造，整个流程都仿佛需要具备博士学位才能掌握。然而，一旦设备之间成功建立了联系，所有事物便如魔法般自动运行，让你的住所充满了智能的魅力。

无疑，智能家居系统绝不是一颗智能灯泡那么简单。如果你愿意投入时间和精力，那么你的音箱、电视、家庭安全警报系统、智能吸尘器、自动化割草机以及花园的自动喷水装置都可以互联互通。这些算法与设备互动时，会进一步提高使用体验，充分挖掘其潜在价值。例如，自动割草机能够通过从智能手机或家庭安全警报系统中获取的数据判断你是否在家，从而避免你在家时进行工作。而当你下次出门时，安全警报会自动开启，喷水系统会启动，音乐暂停播放——好似你置身于真实的《杰森一家》(The Jetsons)之中。

尽管《杰森一家》这部经典动画片并没有深入探讨，但在真实世界中，智能设备之间的互操作性确实带来了不小的挑战。简单地说，我们现在面临的是众多的"方言"和"生态系统"，这些设备并不总是能进行无障碍的跨系统通信。特定品牌的智能灯泡可能与同品牌的智能音箱高度兼容，但与其他品牌则可能出现不协调现象。有些设备甚至完全无法实现相互连接。以我为例，我需要一个应用来统一控制家中的照明、音响和安全摄像头——当摄像头探测到有人靠近时，系统可以模拟房内有人的场景。然而，对于花园的喷水系统和灯光，我则需要另外寻找一个应用，而这两个应用之间并不兼容。我原本希望系统在探测到入侵者时能够自动启动喷水系统，但由于缺乏统一的交互协议，这成为一个遥不可及的梦。这种情况犹如每件设备都需要不同的电源插头，导致我们必须安装多种电源插座。

尽管智能家居设备存在多种不同的标准，但制造商们深知消费者十分看重设备之间的协同能力，这在行业内被称作"互操作性"。如果制造商成为这个互联网络的一部分，他们也可能会更频繁地与消费者互动，从而增强了互操作性产品的商业潜力。

然而，自动化以及设备和算法的网络化不只在家庭场景中展现其价值，对于企业领域同样意义重大。在商业背景下，这些实践常被称作"机器人流程自动化"（robotic process automation，简称RPA）和"业务流程自动化"（business process automation，简称BPA）。而确保各种算法之间能相互沟通并协同工作的任务，往往被称作"编排"（orchestration）。

当这种算法间的紧密交互和编排跨越多个企业进行时，其带来的价值可谓翻倍。从消费者的角度看，这形成了一个能够满足其更广泛需求的生态系统。毕竟，谁不愿与一个能全方位解决整个价值链难题的企业合作呢？

"编排"是旅行社的商业模式，不仅安排航班，还包括保险、租车及酒店预订等，同时也包括航空公司与专业宠物运输服务商的协同合作，以及外卖应用与餐厅之间的紧密互动。

机器人流程自动化模式的编排主要聚焦于企业内部流程，关乎核心价值链的关键环节：一旦流程出现任何偏差或问题，就可能对企业的主要业务目标造成直接冲击。与之相比，旅行社和航空公司可以编排外部增值服务，而外卖应用则更加关注在企业之外的核心价值活动。更具体地说，当我通过手机应用下单外卖时，我真正追求的是食物，而不仅仅是配送服务。考虑到多种可选的网约车服务和众多餐厅，只要这些核心的外部服务可以被同类型的服务所替代，该模式通常都能有效运作。但当这些核心外部服务由一个垄断或近似垄断的供应商提供时，那么企业必须保持高度的警觉。

对于初创企业，编排带来了无法估量的优势。比如，如果你打算创建一个在线商城，你无须从零开始打造支付流程，因为已经有完善的行业解决方案能够为你提供简便的支付集成。Square、Shopify和PayPal（贝宝）就是这样的提供者之一。选择与其中的某个企业合作后，你就可以充分利用其庞大的生态系统资源。例如，与Shopify达成合作后，你的客户便可以通过Shopify的移动应用，或是直接在你的网站上购买商品。

创业者亦能够积极拓展，将第三方整合至其生态系统之中，如同亚马逊成功地将众多卖家纳入其市场平台。通过巧妙地编排这些合作伙伴，企业不仅丰富了客户的选择空间，而且高效地建立了一条完整的供应链。以亚马逊为例，当消费者在其平台购买商品时，亚马逊便在幕后进行精密的调度，确保产品顺利送至其分销中心，再与物流合作伙伴协同作战，以确保商品能够如期送达消费者手中。它还涉及退货处理，严格评估退货合规性并将商品退还给卖家。虽然亚马逊未必直接参与平台上所有商品从零开始的生产与销售流程，但为确保其产品质量标准，其必然采取相应措施。在这个背景下，对平台的访问权和控制权与产品的所有权齐头并进，显得尤为关键。

然而，过度依赖外部供应网络也不无风险，部分企业在与脸书（现更名为Meta）的合作中便已深受其害。2021年2月，为了反抗澳大利亚政府提出的新闻媒体议价法案，脸书决定在其平台上屏蔽所有澳大利亚新闻媒体页面。该法案的目的是强迫像脸书和谷歌这样的巨头支付新闻内容的二次发布费用。脸书采取的措施无疑是对政府的有力反击，展示了法案通过可能产生的影响。

然而，脸书的封禁行径不仅仅针对新闻媒体，它还影响了众多非新闻组织，其中包括医院、紧急救援服务和多家慈善机构。例如，澳大利亚的全国自杀预防组织、新南威尔士州的消防与救援部门以及气象局都受到了此次封禁的影响。其中气象局的情况尤为严峻，因其负责发布关乎人命的紧急天气预警信息。尽管脸书宣称这是由于算法配置失误而非有意为之，但仍有知情人士坚称此举系高层管理者经过深思熟虑后的决策，目标在于对政府施压，促使其修正或放宽相关法规。

无论脸书的真实意图为何，这一连串的封禁事件显然为所有视脸书为其业务"展示窗口"的组织敲响了警钟。当这样的平台出现问题或更改其运营政策时，组织如何确保持续为客户提供不间断的服务变得尤为关键——因此拥有备选方案是必不可少的。此外，企业应该着力多元化其所依赖的第三方服务，或至少预备替代方案。比如，当一家公司决定将其支付处理从Shopify切换至PayPal，这种调整对多数人来说可能并不起眼。但若企业过于依赖某单一平台进行客户互动，当该平台改变其运营策略时，就可能会导致巨大的商业损失。

数字编排是否真的能为所有参与者带来益处？有的组织或许更希望维持其对端对端流程的全权控制。在公共领域，某些功能或任务往往需要由内部团队执行，不适宜外包。但即使在这种场景中，当构思未来的产品和服务原型时，利用数字外包仍然可以被视为一种有力的策略。

对于那些希望降低实验性成本的组织，他们或许会选择"拼接式"原型，充分利用现有的内外部资源。纵使他们可能无法负担整个产品的长期外包费用，但在初步的研发阶段，外包策略依然能带来显著收益。值得注意的是，最终产品可能存在的制约性条件，并不必在早期探索阶段全盘采纳。

那么，数字外包和数字编排之间有何根本差异？简单而言，数字外包旨在替代或增进组织的内部功能，而数字编排则更加关注如何调和多家外部供应商的服务，旨在进一步提升客户的体验。

当组织打算挖掘数字外包所能提供的潜能时，他们往往会评估市场上的各种服务，寻找那些可以补充或增强其现有功能的方案。例如，数字支付处理和物流追踪可能被视为潜在的外包服务，但其在不同行业的适应性却有所不同。以建筑行业为例，他们可能考虑外包场地的测量任务；反观保险行业，则可能优先考虑与外包赔偿相关的数据收集工作。

在数字编排的大背景下，企业不只拥有协调多家供应商的产品和服务的能力，更重要的是，它们能将这些元素融合成一个完备的解决方案，以供客户使用。在那些需要客户与众多供应商互动的业务环境中，这类企业有可能成为这一网络中的"数字粘合剂"。设想一个场景：某企业积极与客户沟通，承诺他们："我将全程引导你完成所有步骤。虽然我仅直接负责其中的某一部分，但我会持续伴随于你身边，确保与其他所有参与方都保持良好的协同。"这种承诺必然会增强客户的信赖感和满足感。

为什么有的企业更愿意外包那些本可以自己内部完成的工作？这一议题经常成为讨论的焦点。当企业在开发自家的解决方案时已经投注了大量资源，哪怕这些方案可能并不如市场上的其他选择那么出色，它们也不会轻易改变既定的路线。这一心理现象十分普遍，并有一个学术上的称呼：沉没成本误区。这种固执的思维模式让人们难以接受过去的选择或许并不完美，或已不再适应现时的要求。然而，大部分时候，勇敢地调整和前进才是最明智的选择。

现金还是刷卡？

尽管我有点偏离主题了，但我的咖啡机一直牵绊着我的思考。迄今为止，我探讨了算法的潜在自主决策能力——实际上，我并不排斥让咖啡机为我选择最佳配置。我也谈及了算法间的互动——我期望我的咖啡机能与线上商店"沟通"。但是，当提及允许该机器控制我的智能门锁，以便为快递员开门时，我会产生犹豫。尽管从技术角度看完全可以实现（确实，我的门锁是联网的），但我尚未做好赋予一台主要功能是研磨咖啡豆的机器如此大的信任的心理准备。现在的核心难题是如何让这台机器自主地完成咖啡豆的购买支付流程。

自20世纪80年代初，拥有买卖功能的算法已在金融市场中出现。至今，算法交易已不再是一个边缘话题。关于算法交易的市场占比确实存在诸多估测，但从我所接触到的统计资料来看，目前在金融市场的交易中，超过50%是由算法所驱动的。准确估算这一比例面临的挑战在于交易者并不需要透露交易的生成方式，这使我们难以判定交易是由算法还是人的决策驱动的。实际上，算法与人的决策之间的界限似乎并不那么清晰。核心疑问是：当股票被售出时，我们如何确定这是交易员的独立决策，还是他们基于算法的建议执行的？若一个算法能完美模拟人的决策行为，也许这是图灵测试的真实版本？

托马斯·彼得菲（Thomas Peterffy），这位出生于匈牙利的投资巨擘，可能是最早在金融市场中研发并实施交易算法的先锋。他开发的算法工作效率之高，以至于能在同一时间完成多个人类交易员的任务。

1987年，彼得菲向纳斯达克股票市场的一位高管展现了他的交易系统，该高管当时的本意是探访纳斯达克其中一个增长最迅速的客户。当他步入彼得菲的办公室时，原本预期会看到一个繁忙的交易环境——众多交易员坐在纳斯达克的终端前紧张地进行交易操作。但现场情况却大相径庭，整间办公室宁静得出人意料，只有一台纳斯达克终端，与之连接的是一台正运行交易算法的计算机。

彼得菲巧妙地设法接入纳斯达克的终端，允许它开发出一款算法，实时读取市场数据并直接将交易指令发送到市场中。他的接入手法相当直接而精妙——直接与纳斯达克计算机的数据电缆连接，捕捉传入终端的信息，并通过同样的路径反馈电子订单。

高管目睹此情景后并不赞同这一做法，他明确告诉彼得菲，所有未来的交易都必须模仿人的操作，通过键盘逐一键入，否则，彼得菲在纳斯达克的交易权限将被撤销。

在这段近乎戏剧化的对抗中，彼得菲巧妙地制造了一个带有橡胶指尖的机械打字装置。他的交易算法在一个专门的计算机上独立运行，而这个机械装置则承担着将交易信息精确输入纳斯达克的正规交易终端的任务。由于被禁止直接接入纳斯达克的计算机网络，他不得不采取间接策略：在交易终端前置摄像头，并利用字符识别技术来获取数据。

当这位官员再次莅临并看到这一独特的设置时，尽管他表示不满，但实际上无法指责什么——彼得菲已严格遵循了他所提出的所有规定。这一情景是商业机器开始模仿人类行为的重要转折点。

彼得菲依靠算法交易累积了巨额财富。这种算法具备超高自主性，其交易速度远胜过任何人类交易员。从商业策略的角度考虑，这使彼得菲构建了一项无与伦比的价值提案：得益于他的算法能在所有竞争者交易之前迅速执行交易，这使他总是能第一个把握市场机遇。这种速度优势促进了算法交易的普及，其中，哪怕是纳秒的差异也可能成为获胜的关键，这导致交易员要么因拥有更快速度的算法而领先，要么因其计算机在股票交易所更近的物理位置而占据上风。

在金融产品的买卖之外，尽管没有类似的关键时刻标志着算法历史的转变，但我们确知，众多算法在幕后默默运作，很多时候它们都试图掩盖其机器的身份。这些算法，为了更加类似人类，经常在我们不知不觉中与我们互动。只有当它们出现明显的"非人类"失误时，我们才会察觉其存在。

其中有一个我特别喜欢的关于日常生活中与算法意外邂逅的故事，来自遗传学教授迈克尔·艾森（Michael Eisen）的博客"这不是垃圾"。2011年初，他作为加利福尼亚大学伯克利分校的博士后研究员时，在亚马逊上购买了一本发育生物学的经典之作——彼得·劳伦斯（Peter Lawrence）的《一只苍蝇的诞生》（The Making of a Fly），这是许多研究人员的经典参考书。在亚马逊上，这本书有17个版本出售，其中大部分是二手书，最低价格是35.54美元，这对于学术著作来说相当便宜。但令人震惊的是，其中有两本全新的书，一本标价高达1,730,045.91美元，再加3.99美元的邮费，另一本价格则比上一本还高出45万美元。这样的单本书价格怎么会如此之高呢？实际上，在2011年，拥有200万美元你可以在伯克利购买两栋四室住宅。这是怎么回事呢？疑惑和好奇心驱使研究员把这一价格异常的问题呈现给了他们的导师。

艾森对此现象产生了浓厚的兴趣。他在随后的一周内，每天都密切观察这两本新书的价格波动。结果显示，这两位出售新书的卖家——也是此书的唯二供应商——均根据对方的定价策略来调整自己的售价。

第一位卖家，命名为"profnath"，将书的价格定为恰好是另一位卖家要价的99.83%，目的在于吸引那群总是寻求低价的顾客。此类策略在农贸市场司空见惯：供应商常常倾向于提供比其对手稍低的价格。

与此同时，第二位卖家，名为"bordeebook"，则展现了一种完全不同的策略。他的定价为其他卖家售价的127.059%。这在eBay（易贝）这类平台上也并不稀奇，因为某些卖家期望买家不会货比三家，而是直接从第一个卖家那里购买他们的心仪产品。

因此，"profnath"每天都会设置一个比"bordeebook"稍微低一些的价格，接着"bordeebook"会随即调整他们的价格至"profnath"定价的127.059%。这样的循环持续了将近两周，直到这本书的价格达到了惊人的23,698,655.93美元（再加上3.99美元的运费）。最终，在第二天，"profnath"将其售价调回了更为合理的106.23美元。

这两个账户的运营者均采用了算法，以实时监控对手的定价，并据此调整自己的报价。如果对方的价格调整是由有策略思维的人类来决策的，那么这样的策略应该是完全可以接受的。但在双方都未意识到这两个算法正在互相竞争的背景下，一场几乎达到荒诞之境的投标大战上演了。当"profnath"的操作者意识到了问题时，他们迅速进行了价格调整。

第二天，"bordeebook"也将其售价调至134.97美元，准确地调整为"profnath"的价格的127.059%，同时额外附加3.99美元的运费。

就如圣加仑的机器人在暗网上利用算法进行非法物品交易一样，此事件凸显了算法化交易可能引发的伦理和法律问题。当算法出现失误或不符合预期的行为时，谁应该承担责任？这种责任又应当怎样界定？

虽然这些问题的答案仍旧有待探讨，但有一点是明确的：在市场中利用算法已经不再是一种实验性质的探索。如今的算法可以掌管庞大的资金，并且在几乎无须人类干预的条件下运行。曾经的Quantopian为其算法配置了多达2.5亿美元的资金，其中部分算法所掌控的基金规模甚至超过了5000万美元。

Quantopian可能是早期洞察到算法经济潜力的众多实例之一。虽然其表现并未满足预期并最终宣告结束，但它的经历为其他玩家提供了不少经验教训。如3Commas这样的企业专注于在加密货币交易平台上部署机器人，而Tuned为投资者提供了模仿并优化高效算法的平台，它们都致力于为小规模投资者提供算法的优化与创新。这批创新型企业为小额投资者打开了一扇门，让他们有机会构建自己的员工——一套能够全天候为他们服务的算法系统。这恐怕是算法经济中非常核心，但相对较少受到关注的一个方面。

新经济中的算法不只拥有自主性，还能与其他算法或实体协同工作，从而为其投入获得相应的回报——仿佛一个繁忙的交易市场，无论是现金还是电子支付，都能轻松地完成交易。然而，一个能自动为我下单购买咖啡豆的咖啡机，仍未进入我的生活。

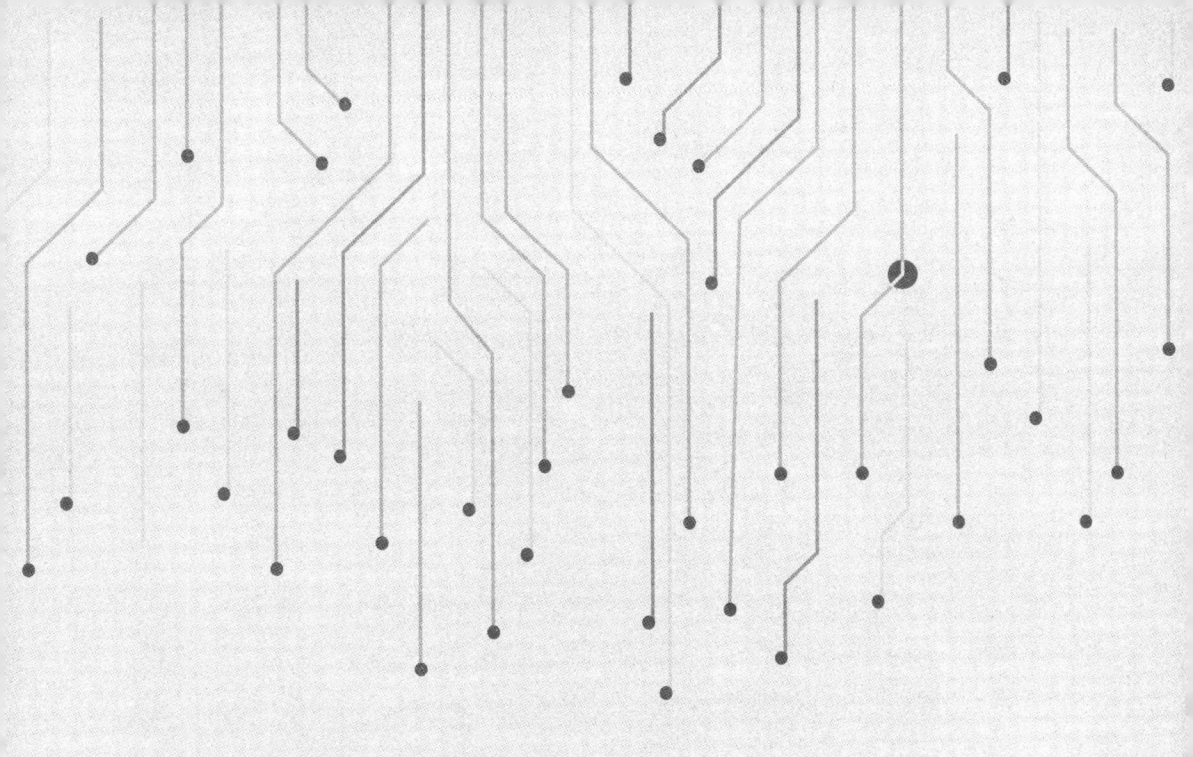

第二篇

算法对我们的影响

第四章 如何在冰箱上进行精准广告推送？

2020年年中，澳大利亚知名时尚零售巨头Bonds推出了经过抗病毒处理的棉质口罩系列。考虑到当时的全球局势，大众普遍认为棉质口罩可以针对Covid-19提供有效防护，但国内的口罩供应显然无法满足急剧增长的需求。果不其然，这些口罩迅速被抢购一空。为了满足市场的热切需求，Bonds迅速下单，再次订购了400万只口罩，但这些口罩依旧瞬间被消费者抢购一空。

在Bonds首次发布这款口罩时，我没能及时抢购到手。但在其第二次推出新货时，我终于成功跻身于众多幸运的购买者之列。自从这款口罩在Bonds官方网站开售，短短5分钟内，我就为家里的每位成员购入了两只口罩。

我的购买成功并非侥幸。我并未死守电脑，时刻刷新官方页面以期待库存更新。其实，我对新货的到货时间并无确切了解。但我"雇用"了一个算法助手，配置其每隔5分钟检查一次Bonds的产品页面。它的任务简单而明确：一旦看不到"抱歉，已售罄"的提示，就立即向我发送购买通知。

在当今这个算法主导的经济环境中，传统企业与消费者之间的互动模式正经历着剧变，其中算法越来越多地作为中介实体出现，起到了不可或缺的作用。在这种情况下，依赖我个人的专业知识和技术手段去获取稀缺商品，这是否真的构成不公平的竞争优势？或者，难道真的只有我在使用算法自动化购物任务吗？答案很可能是：并非如此。

我所运用的抢购口罩的算法其实相当初级。当前，互联网上充斥着各种免费的算法工具，这些工具完全有能力执行类似的基础操作。而如果你觉得这些算法实用，你甚至可以进一步赋予它们更多权限，让它们执行更为复杂和专业的任务。一些更为先进的算法代理甚至可以无缝地完成整个购买流程。先进的算法在执行任务时速度极快，唯一能让它们减慢速度的是验证码（CAPTCHAs）[①]，但这个问题我们稍后将会深入探讨。

数字仆人

那些为我们执行购买、销售甚至投资等活动的算法应当有一个更为专业的称呼。虽然学术界习惯于称它们为"高度自主的消费者购买代理"，但我更愿意简洁地称它们为"数字代理"或者"数字仆人"（digital minions）。

不同于一些较为隐蔽但同样至关重要的算法，如自动门的控制系统或用于为孩子的电脑筛选内容的过滤器，数字代理不仅功能强大，而且具备高度的自主性。它们能够与其他算法、市场参与者——包括消费者和供应商——进行高效的交互，以专注地创造商业价值。尽管它们可能并不总是最聪明的存在，但其反应迅速、随时待命，不断地执行所赋予的任务。然而，我们也需保持警惕：在某些情况下，这些代理可能会带来的问题远超它们能够解决的问题——特别是当它们未受到适当监管时。那些曾观看过动画片《神偷奶爸》（Despicable Me）或《小黄人》（Minions）的人，对这一点应该感触颇深。

在我们大多数人的家里都能寻到数字仆人存在的踪迹。它们通常被那些希望与我们发展更多业务的组织卖给我们。一个数字仆人可能被发现在一个智能音箱里，它可以提醒你从它所"代表"的网店订购杂货。数字仆人也许会扮演成智能手机应用程序的形式，从应用程序创建者策划的列表中向你推荐附近餐厅的晚餐。数字仆人的另一个功能可能关乎你的智能电视，提示你观看最喜欢的电视剧的下一集。数字仆人通常在任何时候都知道我们想要什么，偶尔它们也能提前预测我们的需求。我们使用它们是因为数字仆人能帮助我们处理一些

---

① CAPTCHAs 是"完全自动化的公开图灵测试以区分计算机和人类"的简称，旨在阻止自动化软件访问特定网站。

想要避免的、枯燥的、肮脏的或危险的工作。偶尔，它们也会做一些我们自己根本完成不了的任务。

但是，数字代理是否已经侵犯了我们的隐私，甚至对商业关系形成了垄断呢？其中一些确实存在这样的问题，全球各大监管机构也正在努力寻找解决方案。尽管如此，很多人仍对此深感担忧，他们担心数字代理会收集大量关于我们日常生活的信息，再将这些信息传输回开发它们的公司，以致我们在决策过程中的话语权被极大削弱。

以亚马逊推出的一款名为Amazon Dash Button（亚马逊Dash按钮）的微型电子设备为例。这是一个便携式电子设备，它可以轻易地贴在家中的各种物品上或各种场所。人们只需单击一个简便的按钮，就能重新订购某一特定商品，无论是洗涤液、咖啡粉、牙膏还是其他日常用品。但在欧洲，由于Amazon Dash Button在完成交易前没有为用户提供足够的商品信息，也没有给予他们选择其他品牌的机会，因而被视为违反了欧盟消费者权益条例，导致其被禁止销售。

商业行为的不透明性已足够令人忧虑，操纵价格更是雪上加霜。2017年，市场营销学教授和著名播客主持人斯科特·加洛韦（Scott Galloway）做了一个揭示性的实验。他让亚马逊的智能代理Alexa为他购买电池，而Alexa报给他的是亚马逊自家品牌的电池价格。当加洛韦将这一报价与亚马逊网站上列出的价格进行比较时，他发现Alexa提供的商品价格更高。这似乎表明，亚马逊的数字代理Alexa可能向用户收取了超出常规市场价格的费用。

欧洲委员会对此问题高度重视。在2019年，他们正式对亚马逊展开了反垄断调查。调查指出，亚马逊似乎混淆了其作为市场平台与零售商的双重角色。作为市场平台，它能够收集大量关于客户需求的数据，包括客户与其他零售商之间的互动信息。而作为零售商，亚马逊利用这些数据来推销畅销产品，从而获得竞争上的优势。最关键的是，作为自己平台的掌控者，亚马逊还可以操控用户所看到的内容，引导他们购买亚马逊的自营产品。这种策略似乎是每个垄断企业的美梦。尽管许多公司都渴望实现市场垄断，但垄断对其他商家是不公平的，也不符合消费者的最佳利益。幸好，像欧洲委员会这样的监管机构正在采取行动,以确保市场保持公正和竞争。

数字代理在市场中除了可能导致混乱之外,还可能带来其他破坏性的影响。虽然我们都需要对这些潜在的风险保持警惕,但我更倾向于乐观地看待它——深入探讨算法可能带来的机会及其积极的影响。

当我不再为算法而忙碌时,我热爱跑步,特别是越野跑。在我撰写本章初稿的几天前,我像往常一样出去跑步。那是一个冬季的夜晚,森林中已经一片漆黑。在这之前我想好了万全之策:打开我的头灯照亮前方的路。即使我有头灯作伴,深夜的越野跑仍具有挑战性。当我正在尝试爬上一个陡峭的斜坡时,我突然被绊倒并摔了一跤。我知道自己并不是一个动作非常协调的跑步者,实际上,有些人甚至可能会说我有点笨拙;但我早已习惯了跑步时的偶然摔跤,不过,这一次的跌倒确实出乎我的意料。

在通常情况下,我或许不会意识到这一点,但在我晨跑的过程中,我的智能运动手表会持续地、精准地分析我的每一个身体动作,它近乎真实地记录我每一步的轨迹和每一个动作细节。

当我不慎摔倒之后,我迅速地平躺下来,先判断自己是否受伤,再做其他响应。而与此同时,我手表内的算法已经开始执行类似的任务。它迅疾地处理从各种传感器中收集到的数据,以分析具体发生了什么情况,它的反应速度远远超出了我的认知。通过分析,手表中的运动跟踪算法判定这次摔倒非常严重,因此它决定向我的妻子发出紧急求助信息。

在这里,我给那些对越野跑持保守态度的人提供一些背景信息:我们这些越野跑爱好者并不太愿意让家人了解这项运动所伴随的潜在危险。我们为何会有这样的想法?因为仅仅说服他们就已经非常困难了,试想一下:在一个星期六的早晨,其他家庭成员正在忙碌,而你却独自享受在森林中奔跑6小时的时光,这是非常惬意的。如果其间再增加你受伤的风险,他们恐怕更难以理解和支持你这一爱好。

在准备向我妻子发送紧急信息之前,我的手表先进行了一次震动提醒,并在屏幕上展示了一条信息提示,为我预留了大约20秒的时间来决定是否取消发送求助信息。大概几秒后，我确信自己并无大碍，于是接下来的首要任务变成了取消这条信息，这件事远比我重新站起来还要紧迫。在手表给予的缓冲时间内，我迅速按下取消按钮，并在心中暗自庆幸：感激你，我亲爱的运动手表算法，但这次我并不需要外界的任何帮助。

我当时可能并未完全意识到它的重要性，但现在我很清楚地知道，我手腕上佩戴的并不仅仅是一块手表，而是一个数字代理。每当我跑步时，这个微型的数字代理就会通过一个事故检测算法，默默地守护在我身旁。如果我再次遭遇危险并需要援助，它会及时发现并自动寻求外部帮助。

2022年1月23日，凌晨3点，美国佐治亚州克莱顿县的紧急调度员阿莱西娅·查沃斯（Alecia Chavous）接到了一通非同寻常的电话。电话中，一个语速均匀且不带任何情感波动的合成语音传达："这块苹果手表的佩戴者遭受了重伤。"随后它提供了这位受伤者的GPS坐标，并挂断了电话。那是一个寒冷的夜晚，温度接近冰点，有轻微但持续的寒风。在这样的环境下，一个被困在户外的受伤人员可能会面临巨大的生命危险。

查沃斯是最早接收到由苹果手表自动拨打的紧急呼叫的调度员之一。从理论上说，如果手表能直接将相关数据和位置信息同步至数据库会更为高效，但由于紧急调度系统尚未与这类消费电子系统完全融合，所以苹果手表采用了拨打电话，并通过合成人类语音传达紧急信息的方式来寻求帮助。幸运的是，查沃斯迅速准确地记录了这些关键信息，并及时协调了救援力量。然而，这个过程并不是件容易的事，当前的调度系统并不支持直接输入GPS坐标。这听起来是不是令人难以置信？其实并不是，因为在日常沟通中我们很少直接提供具体的经度和纬度。因此，查沃斯必须手动将GPS坐标转译为地图上具体的地理位置，并将这一位置信息准确地告知救援队伍。在苹果手表发出求助信息后的12分钟后，救援人员在附近的灌木丛中找到了那名受伤男子。调度员坚信，是这块手表挽救了他的生命。

我对这些在幕后默默无闻的"英雄"怀有深深的敬意：致敬那些日夜不停地发挥作用的算法。的确，我们必须对救援与监视之间的界限保持警觉，但在许多情况下，算法为我们带来的好处是显而易见的，有时它们的干预甚至与生命安全息息相关。

我们已经深深地被这些算法所包围

数字仆人已经无处不在。它们不知疲倦。几乎在所有我们能想到的任务上，它们的效率都远远超出人类。

你是否曾停下来思考：在你的日常生活中，有多少数字仆人正默默地为你提供服务？你去查找一下那些能够响应你的语音、监测你的心跳、读取你的邮件，以及追踪你的电视观看记录的设备，其数量可能会令你大吃一惊。有时我会在脑海中细致地盘点，寻找它们的踪迹。例如，我的卧室里就有一个能够响应我语音命令的智能音箱，还有厨房中的咖啡机会提示我更换滤水器，甚至我花园里的智能水龙头也会监测水的使用量，并在我不小心忘记关闭时发出警示。

令人震惊的是数字代理的繁衍速度：一个算法几乎可以在瞬间被生成数百个甚至数百万个副本。

其实出现这样的需求并非偶然，设想一下：在一次热门产品的抢购中，大量消费者正在竞相购买。与此同时，如果有数千个购物算法机器人试图同时抢购，那么会发生什么情况呢？如果这些机器人的行为与人类无异，那么它们成功购买的概率则会是人类的10倍。2020年，当我利用算法购买口罩时，我仅使用了一个算法副本，因为那已经满足了我的需求，而且使用更多算法似乎违背了公平原则。但在某些情况下，特别是当单一算法可能不能成功完成任务时，我会对其进行快速复制并使用多个算法副本，希望至少有一个能成功，这似乎是一种合理的策略。在本章后面，我们会见识到采用这种策略的消费者，他们部署的购物算法机器人会冲进线上商店，为鞋迷们抢购那些限量版运动鞋。

当然，如果一个企业能够高效地复制其产品或服务，而且不产生任何额外的费用，换句话说，如果能够以接近零的边际成本去增加生产，那么这无疑会极大地提高盈利能力。正如我在第一章中提到的，实现零的边际成本是RACERS的一个显著特征。

这种零边际成本的经济模式主要适用于纯软件环境。当你在网上提供一个产品或服务时，你为新的或现有的客户提供额外的副本的成本几乎为零。因此，算法经济在许多方面都是一个零边际成本的领域。只要数字代理仅限于软件形式，那么企业将其传播到全球的成本都是极低的。

在我们处理涉及硬件的情境中，例如，如果用户需要安装智能音箱来使用你的服务，或者你作为汽车制造商以汽车作为与客户互动的界面时，此时的成本显然并不趋近于零。但随着这些硬件的部署完毕，例如客户已配置了汽车、智能音箱或智能手机，我们便再度回到零边际成本的经济领域中。只要客户已经拥有了可以接收和使用某项服务的硬件平台，企业就几乎可以近乎无成本地提供附加服务。

所有企业都应该进行深入的策略反思：他们是否正在零边际成本的经济领域中运营？他们获得一个新客户的成本有多少？与客户进行交流的成本有多少？再创建一个已有产品或服务的成本又是多少？当这些成本趋近于零时，它们会带来何种经济或市场的深远影响？

主动响应算法

从我家智能设备的发展趋势来看，在不久的将来，很可能会出现能够自动购买咖啡豆的咖啡机。

IT巨头惠普（HP）近期在澳大利亚推出了名为HP Instant Ink的创新服务。随着家庭办公的普及，传统办公室的打印机使用频率明显下降。在2022年6月，HP的首席执行官做出了预测：与新冠疫情前的情况对比，传统办公室的打印需求预计会减少20%。HP Instant Ink为惠普打开了一扇崭新的商业模式之门。用户按月支付订阅费用（根据预计打印量，在澳大利亚的费用介于2至45澳元之间），而无须额外支付墨盒的费用。一旦订阅此服务后，当打印机的墨水或碳粉即将耗尽时，设备会主动发送通知给惠普。接收到此通知后，惠普将为用户邮寄全新的墨盒。惠普的营销团队强调，这种服务模式不仅可以为用户节约成本，确保打印任务不因墨水或碳粉不足而中止，而且还会通过预设的回收包装策略减少浪费。这种模式使惠普的用户得以省心，同时为惠普带来了稳定且可预期的收益来源。此外，鉴于此项服务的成功，惠普正在尝试推出一项自动补充打印纸的服务，以确保用户永远不缺纸张类耗材。

惠普的数字助手能够预测用户对新墨盒的需求，并在上一个墨盒用尽之前订购新的墨盒，这使其成为一种积极主动的算法。这类数字代理以主动响应的方式进行常规消费行为：它们可以分析需求，从众多选项中筛选，然后完成交易，有时还可能需要等待人类的最终确认。这些代理按功能分，有的结构复杂，有的则相对简单。

根据其工作的复杂程度，主动响应的数字代理可以分为固定策略型和基于用户偏好型。其中固定策略型数字代理总是选择同一供应商并购买相同的商品，或从预订的商品清单中进行选择。与此相对，基于用户偏好的数字代理则会记录并学习客户的喜好，尝试找到满足他们需求的最佳供应商或产品，换句话说，它们也具备"货比三家"的功能。显然，固定策略型数字代理在开发上相对简单，通常是企业为其特定产品定制开发的。而基于用户偏好型代理的功能更为强大，通常由第三方开发提供。

主动响应的数字代理对销售额有明显的促进作用。早在2010年，YouTube便公开表示其首页高达60%的点击量来源于其推荐算法。到2012年，Netflix表示有3/4的播放量来自其推荐系统。到了2017年，该公司估算其推荐系统每年创造的价值高达10亿美元，相较之下，那一年的总收入接近120亿美元。

汽车制造行业也不甘落后，正在深入探索这一技术领域。如果你拥有一辆特斯拉，你或许可以从汽车仪表板上的屏幕上购买高级功能，比如"高级连接"套餐（Premium Connectivity）——这是对互联网服务的一个花哨说法。而近期，宝马也推出了其宝马互联汽车商店，使得驾驶者能够选择性购买如"远光灯助手"和"宝马行车记录仪"等这类具备附加功能的产品。

现在我们有充分的理由相信：不久的将来，汽车制造商将开始通过车载显示屏为用户提供汽车保险、停车位预订以及支付等服务。在撰写本文时，特斯拉和宝马还未在车辆内部为用户提供车险购买服务，但当它们未来提供这项服务时，他们可能会从推出硬编码的数字代理开始，这类数字代理将选择特定的供应商，如特斯拉可能默认采用特斯拉保险。

尽管硬编码的数字代理的预设策略相对简单且有效，但一部分客户可能会不满于其选择范围太过受限，而竞争对手也可能对此策略提出异议。监管机构很可能会在未来要求制造商允许客户选择符合自己偏好的供应商。

试想一下：如果你的汽车内有一个应用，能够根据你的实际需求与不同的保险提供商进行价格比较呢？遗憾的是，这种基于用户偏好的数字代理在设计上相对复杂，且难以实现。但是，总部位于新西兰的初创公司 MyWave 正试图攻克这个难题，他们开发的数字代理能够根据客户的偏好为其推荐最佳报价，无论航班、服装、住房贷款，还是其他服务和商品。

然而，我们自己都时常对真正的需求感到迷茫，这些算法又是如何精准洞悉我们的真正期望呢？你或许还记得，这些算法实际上并未真正深入了解我们的真实意图。相反，它们通过收集到的有关我们的众多信息，对可能的建议进行概率性分配。对于在商业场景中应用此类算法的人来说，他们应从一个更高的维度去理解算法所给予的建议。虽然这些算法的预测并不总是百分之百准确，但它们为企业与客户之间的积极互动创造了条件。当企业团队与客户进行沟通时，算法提供的建议和预测为他们提供了不可多得的参考，这就像是为机器赋予了一个"人的面貌"。

那么如何辨识一个具有强大主动性的数字代理呢？卓越的主动性服务总是能巧妙地提出建议，以至于你几乎察觉不到它们的存在。例如，在我近期的一次家庭旅行中，我的电动汽车自动为我规划了途中的充电站，省去了我手动计划的麻烦。更值得一提的是，当我驾驶过程中能效显著提高，没有额外充电需求时，系统及时地对先前的建议进行了调整。

有的数字代理可能长时间悄无声息地工作，但在某一刻才显露出其至关重要的价值。例如，有一次在我跑步时不慎摔倒，我的智能手表立即尝试向我的妻子发送紧急信息。当然，我在初次配置手表时，已经将我的妻子设定为紧急联系人，所以那时我了解这一功能。但考虑到从设定这一功能到我实际发生摔倒已经过去好几年，我几乎已经遗忘了这一事情。

你是否能回忆起曾经与那些主动性强的数字代理有过令人出乎意料的互动？绝大部分的这种互动都给我们带来了意想不到的惊喜。例如，我有一名学生最近分享了她的经历，当她在海外的ATM机取款时，该机器为她推荐了附近的热门餐厅。我猜测，这台ATM机可能被设置为专门为持外国信用卡的用户提供此类建议，这常常是游客或商务旅行者的一个显著标志，他们经常需要这种寻找餐饮服务。

然而，我们必须保持警觉。过度依赖主动型数字代理的推荐或预测，有可能会对个人隐私造成侵犯。在一个广为人知的案例中，美国零售巨头Target（塔吉特）依靠其销售数据来预测哪些客户可能处于孕期，并进一步判断她们所处的孕期阶段。这种信息对零售商来说是无比珍贵的：他们可以为顾客提供高度定制化的商品和服务。但问题来了：他们是如何从庞大的数据中判断出某位顾客可能怀孕的呢？这要归功于精准的数据分析。Target推出了一个"婴儿登记"服务，准妈妈们在此可以享受到各种折扣和其他特别优惠。但是，如何识别那些没有使用该服务的客户呢？答案其实也隐藏在这一服务背后。

Target的一位数据科学家发现，已经登记的准妈妈在孕中期时开始大量购买无香型身体乳。而在孕期的前20周，她们往往会购买大量的含钙、镁和锌的营养补品。经过详细的分析，Target选取了25种商品组合，当顾客购买这些组合时，系统会为其打上"潜在怀孕"的标签。于是，Target开始向这些被算法判定为可能处于怀孕状态的客户，发送相关产品的优惠信息。

数月后，Target的预测算法上线后不久，一位父亲愤怒地来到一家Target分店，质疑为何他仍是高中生的女儿会收到婴儿用品的优惠券，暗示这家连锁商店在鼓励她怀孕。面对这样的指责，店长感到十分困惑，立刻向该客户表示了深深的歉意。然而，几天后，当店长再次致电该父亲时，出乎她的意料，这位父亲竟主动表示歉意，原来他与女儿交流后，得知她确实怀孕了。在这次奇妙的交流中，Target的算法在女儿与父亲分享这一消息之前，已经提前"揭示"了这个秘密。

一个算法甚至比你更早地知晓你的需求，这会让我们感到非常不安。然而，对于这种"神秘感"，我们应当持有清晰的认知。实际上，算法完全可以以更透明的方式进行操作。例如，它可以明确告诉用户其下一步的计划。它可以说："您好，您已授权我监测您咖啡机中咖啡豆的数量。我发现您的咖啡豆数量已经所剩无几，预测您很快会需要补充，因此我为您进行了预订。"

算法购物的世界

索尼的PlayStation 5被誉为全球极先进的游戏机之一。2020年9月16日，索尼宣布了这一消息，并在11月12日正式在市场上发售。其标志性的广告语"游戏无界限"（Play has no limits）极为恰当：身为"第九代"游戏系统的领军产品，PlayStation 5所提供的游戏体验堪称史无前例。

但事实证明，"无界限"的说法或许有所夸张。在首发日，PlayStation 5几乎成了市面上难以一觅的稀缺商品。每当其在线上重新上架，都会在短短几秒内被一抢而空。某些电商网站甚至在其上架的一刹那因流量过大而瘫痪。更有些平台出现了异常现象：部分客户反映，在他们点击"加入购物车"按钮时，尽管系统显示产品尚有库存，但紧接着便提示产品已无货。而那些成功添加到购物车的幸运者，往往又在尝试结算时发现产品已显示无货。

自从发布以来，索尼的PlayStation 5的销量已超过2000万台。虽然销售成绩斐然，但市场上对此游戏机的需求依然旺盛，供不应求的状况依然持续。在官方授权的零售商那里想要购得一台PlayStation 5几乎变成了奢望。有分析认为，全球芯片短缺是导致此现象的关键因素；也有分析指出，由于疫情的持续，人们越来越多地选择在家中娱乐，从而增加了对游戏机的需求。但这些因素似乎都难以完全解释为何每次补货，这些游戏机都会在短时间内被抢购一空。

同样的难题也困扰着PC玩家和数据科学家。这两个群体都高度依赖图形处理单元（GPUs）以提高他们的工作效率和游戏体验。目前，GPUs已跻身为全球最受追捧的硬件产品之一。其中，Nvidia与AMD是该领域的两大巨头。难道这同样是全球芯片短缺引起的吗？或许有此因素，但与PlayStation 5一样，不论是

Nvidia 还是 AMD 的显卡，一旦在网络平台上开放供应，往往几秒钟内即被一抢而空。

或许你会质疑："为何我要关注电脑游戏玩家的需求？""或许人们应该花更多的时间投身于户外活动。"这种看法固然重要，但待我们深入探讨一下。你有尝试过预订加利福尼亚优胜美地国家公园的露营位吗？许多露营爱好者都经历了在繁忙时段难以预订到营地的困境。一位失落的露营者描述了他在营地新批次上线当天尝试预订的经历："我已登录系统并准备在优胜美地为自己预订一个营地。系统显示我所选的营地尚有空位，于是我整装待发，随时准备好启动，但当我在早晨7点点击'立即预订'按钮后，系统竟然并未响应。短短数分钟内，我亲眼看着459个营地瞬间被抢订一空。"

那么，是谁抢走了这些 PlayStations、GPUs 和露营位呢？其实这并不仅仅是人类手动操作的结果，还有数字代理正在默默发挥其作用。你可能已经猜到了这背后的真相，欢迎来到算法购物的世界。

这种数字代理代替人类购买商品和服务的现象已经非常普遍，甚至为其赢得了自己的专有名称。我习惯性称之为 B2A2C（business-algorithm-customer，商对算法，再对客），这个术语对于商学院的学子来说可能并不陌生，但我得承认，对于一般大众，这听上去似乎略带学术色彩。这个缩写揭示了一种新兴的商业模式，即在传统的"企业对企业"（B2B）和"企业对消费者"（B2C）之外的"企业通过算法服务消费者"。在 B2A2C 的模式中，部分算法扮演了克利福德·斯托尔所描述的网络销售代理的角色，而另一些则真正作为"客户代表"出现。

那么，是谁拥有并驾驭这些充当中间人的数字代理呢？答案可能是企业、消费者或第三方机构。我们也可以设想一种各方之间共享控制权和所有权的场景。但在这三种情境中，由消费者直接操纵算法的情况相对较少。要构建一个具有"自动购物"功能的算法所涉及的技术难度，往往超出了普通消费者的技能范围。即使具备基础编程知识，想要创建此类工具依旧充满挑战。

然而，有些软件开发者乐于分享其创新成果。一位来自美国的开发者哈里·纳加拉詹（Hari Nagarajan）独立创建了名为"FairGame"的"购物机器人"，并对外免费提供服务。哈里解释说："每次有新的科技产品上市，'黄牛'便迅速抢购并以高价转手。"他认为，"如果我们发布了一个任何人都可以免费使用的机器人，那么'黄牛'可以购买的商品数量就会下降，普通消费者就可以按照建议零售价购买商品。如果所有人都利用机器人，那么实际上，就无人真正依赖机器人了"。尽管FairGame为私人拥有的算法提供了出色的范例，但为了有效运行该工具，仍然需要一定的软件开发基础，这使得它并不适合所有人使用。

当企业或第三方机构掌握这类机器人技术时，其应用大致可以划分为三种模式：直接销售、作为购物者和卖家之间的中介，以及协助其他企业与客户的互动。接下来，我们将详细探索这三种模式。

在直接销售模式下，企业运用数字代理直接为消费者提供商品或服务。例如前文提及的惠普的InstantInk，实际上是惠普"派遣"至消费者家中的一名销售代理。

中介模式涉及第三方开发的数字代理，这些代理为企业与消费者之间搭建了沟通桥梁。这些数字代理犹如个人购物助手，帮助消费者搜寻所需的产品并完成购买过程。在许多情况下，这种机制都显得至关重要，无论是为了寻找最优惠的保险方案，还是从本地供应商处选购新鲜的咖啡豆。然而，其真正的"撒手锏"才是其最大的价值所在，主要体现在购买那些需求旺盛而供应有限的商品上。那些专业的转售商，他们大规模地抢购热门商品后再进行高价转卖，往往会依赖这类软件来实现他们的全自动化采购流程。

这让我不禁想起我儿子的特殊爱好。正处于青春期的他，与许多同龄人一样，对时尚风格与设计具有敏锐的洞察力。更具体地说，他投入大量的精力跟踪球鞋领域的最新趋势，包括各大品牌之间的联名合作、经典复古设计的再次面世，以及在热门的"球鞋爱好者"文化中进行的其他活动。球鞋产业近年的飞速发展确实令人难以置信，打破了多项销售纪录，并带来了天文数字般的市场估值。你是否曾听过拍卖会上成交价最高的二手鞋是迈克尔·乔丹（Michael Jordan）所穿的耐克飞船鞋？这双球鞋以令人震撼的147.2万美元成交。值得庆幸的是，我的儿子更像是一个观察者，并没有沉迷于追求那些限量版球鞋。但许多球鞋爱好者将这些限量鞋款视为投资项目，他们不断寻找机会购买这些独一无二的款式。为了实现这一目标，他们可能会"雇用"自动购物软件，即所谓的购物机器人。有的甚至通过BotMart、Cop.Supply或BotBroker等数字代理交易平台来租借这些机器人，其中部分机器人的日租金仅几美元。这些交易平台被视为21世纪的数字化中介服务，其主要提供的是算法代理服务而非传统意义上的人力服务。

Stellar AIO正是众多卓越数字代理中的翘楚。Stellar AIO作为一款"全自动结账软件"，它能够控制上百个购物机器人，实时监控线上商店的商品情况，并在新品上架时迅速完成购买。Stellar的研发团队声称，其软件可支持在亚马逊、Target、沃尔玛、AMD、GameStop、特斯拉及Shopify等20多家网站进行购物。软件名称中的"AIO"指的是"一站式全功能"，这意味着这款机器人能够完成人们在购物过程中所有必要的步骤。与我之前为购买口罩使用的需手动输入付款信息的机器人不同，AIO类机器人可以全程自动化处理这一流程。

球鞋爱好者对他们所做的事情并不保密。事实上，许多人非常乐于分享他们使用AIO机器人的视频。有一个名为波特男孩诺娃（Botter Boy Nova）的球鞋爱好者，他在YouTube上有近20万的粉丝。他在该平台上这样介绍自己："我的名字是诺娃，我是一名球鞋转售达人。我全程展示了我的球鞋转售过程，涵盖现场抢购、开箱、教学、销售等内容。"他也坦率地提到了他有时会遭遇的挫折。他最大的失败是什么？那次他花费了3000美元，雇佣了大量的机器人一次性购买100双新发布的鞋子。每双鞋的成本为30美元，这在预期的利润空间下是可以接受的。但最终他仅收到了3双鞋，导致每双鞋的实际成本飙升到1000美元，这让他几乎无法实现盈利。究竟出了什么问题？在发布日当天，为了避免转售商大量抢购，零售商出台了"每个地址限购三双"的规定，导致诺娃的大部分订单被无情地取消了。

我最喜欢的诺娃的视频莫过于"现场抢购"部分，当他的机器人需要诺娃亲自介入的那一刹那。没错，几乎在每个视频中，都有一个瞬间，他们之间的主从角色发生了倒置。当机器人遇到那种用以验证网站访问者是否为真人的测试验证码时，它会立即召唤诺娃来解决。在诺娃认真地点击了图片中的消火栓、桥梁和斑马，并完成所有验证码要求的操作后，他将控制权再次交还给机器人，由它完成购物流程。

在这个算法经济时代，不只是人类雇用数字代理，数字代理也开始寻求人类的帮助。

数字代理在协调企业与消费者之间的互动时，并不仅仅在零售领域发挥作用。DoNotPay便是一个"机器人律师"应用，它是一套完全自动化的算法系统，可以帮助用户申诉停车罚单、办理出生证明，甚至协助撤销婚姻。与诺娃的AIO机器人一样，有些时候DoNotPay也可能需要人类来完成那些算法无法自主完成的任务。

在2023年1月，DoNotPay的首席执行官约书亚·布劳德（Joshua Browder）通过推特表示，他的公司愿意出资100万美元，雇佣一名出庭代理人，在即将到来的美国最高法院审判中"严格按照我们的机器人律师的指示进行发言"。布劳德建议使用AirPod耳机，以便机器人能与代理人进行实时通信。"我们即将在交通法庭上展开一场诉讼。"他补充道，"然而有些质疑者可能会说，'这场活动对于GPT技术而言，实在是太简单了'。因此，我们正式提出这一报价，希望能与有意之士达成正式合作，并确保严格遵循所有相关的法律法规。"

由于最高法院明文规定禁止在庭审中使用任何电子设备，因此在短期内，法庭似乎不会考虑采纳"算法律师"的意见。同时，传统的法律工作者对于算法介入其领域抱有明显的反感态度。事实上，布劳德的这则推文已经引起了美国律师协会的高度关注，并促使其进行了多次审查，以保障并维护法律行业的专业标准。

到了2023年1月底，布劳德修正了他的观点，并在推文中写道：

"坏消息是：在收到州律师协会检察官的警告之后，我了解到，如果真的让我们的机器人律师走进实际的法庭，我可能会面临长达6

个月的监禁。因此，DoNotPay 决定暂时撤回我们的法庭诉求，转而全力以赴地为消费者提供更多的权益。我们现在更注重利用 AI 来帮助消费者减少医疗费用、取消各种订阅、解决与信用报告有争议的问题，等等。我坚信保持公司的专注是至关重要的。与法庭上的高度戏剧化相比，这类问题可以在线解决，它们更简单，但往往被忽视且缺乏足够的关注和支持。"

对于目前来说，美国的法庭还没有为数字代理留出一席之地。但我有预感，这只是这一话题的序幕。

在 B2A2C 的大背景下，只有技术高手如诺娃，或者硅谷的大公司们才能玩得转吗？幸运的是，答案是否定的。这也正是 B2A2C 模型中的第三个要素中的赋能所扮演的角色。与 eBay 这种为几乎所有人提供在线销售产品机会的平台类似，如今有些平台允许企业部署自己的数字代理，而不需要从头开始构建一个庞大的基础设施。只要你有基础的编程知识，任何企业都可以利用像亚马逊 Alexa 这样的智能助手，并通过新增"技能"来增强它们的功能。

2018 年，维珍火车的发展就与时俱进，成为全球首个允许用户通过亚马逊 Alexa 购买车票并获取相关信息的铁路公司。凭借这一策略，它将其销售网络扩展到了数百万家庭，为客户带来了更为便利的服务体验。

与此同时，ChatGPT 的背后开发机构 OpenAI 正在研究如何进一步集成其聊天机器人的功能。在不久的将来，我们可以向 ChatGPT 咨询关于如何在欧洲经济高效旅游的建议，它不仅能为我们提供详细的行程方案，还能协助我们完成航班和火车票的预订。语音与这类工具的交互将更加流畅自然。虽然现在的智能扬声器往往只能准确响应特定的指令，例如，他们可以理解"把卫生纸加入购物清单"的指令，但对于更为口语化的表达，如"伙计，我需要一些卫生纸，帮我放到购物车里"，可能会有所困惑。然而，随着技术的迅速进步，我们有理由相信基于 ChatGPT 这样的平台开发的下一代智能代理将更为聪明，更能理解人类的日常语言。

算法背后的微妙之处

我在这一章所描述的大部分（如果不是全部）数字代理，对大多数人而言可能显得有些神秘。由于许多现代算法的复杂性，它们对于普通人来说如同一个"黑匣子"。正如这些"黑匣子"算法一样，我们很难或甚至不能理解它们是如何具体运作的，我们中许多人对此似乎并不感到不满。然而，这些数字代理也促使我们深入思考它们决策背后的"原因"，以及我们是否有能力影响这些决策。

让我们进一步探索这一议题，或许你还记得之前我提及的为我的学生和其他游客提供本地餐饮建议的ATM机，如果ATM机的推荐确实影响了游客的决定，那些未被推荐的餐厅老板可能会对此感到"不满"（这样说或许过于委婉）。当他们最初的失望逐渐淡化后，他们自然会想知道如何使用ATM机推荐他们的餐厅。

再举一个例子。最近，我向一群私人医疗机构的负责人介绍了ChatGPT。其中很多人是从医生转型为企业家的，因此他们在商业洞察和技术知识上可能略显不足。我向他们演示了如何使用这款聊天机器人来生成软件应用的对比表，详细列举了各应用的优势和不足。不出所料，场上有一名软件供应商发现，该机器人并未在对比表中列出他的软件产品。可以设想，如果ChatGPT持续"忽略"这款软件，可能会对供应商的业务产生潜在的负面影响。如果这个软件在谷歌搜索结果中排名较低，供应商或许知道如何应对，他们可以寻找专门研究谷歌算法以提升客户网站排名的搜索引擎优化（SEO）机构；但如何让ChatGPT识别并推荐你的产品，则是一个尚未明确的新挑战。我们正在努力探索如何有效地影响这些AI代理。在软件领域中，有一个术语专门描述那批深谙计算机及各种应用程序的人。他们掌握诸多技巧和快捷方法，能快速有效地完成任务，我们称他们为"高级用户"（power users）。这些高级用户通常是通过仔细阅读软件手册或系统性地研究应用的各项功能，从而达到对软件应用的深入理解，以发挥其最大潜力。

然而，对于那些由先进的AI算法驱动的数字代理来说，我们面临的挑战更加复杂。绝大多数这类数字代理并没有提供明确的使用指南来解释其决策机制，并且试图深入了解这些助手的所有功能，就好比深究电子邮件软件或文本编辑器的每一个细节，这在操作上几乎是不可行的。当这些数字代理作为交互的中介时，其复杂度呈倍数级增长，正如我在之前描述B2A2C模型所展示的。

那些成功深入解读算法复杂性，并在可能的情况下有效影响它们行为的人，可以被誉为算法的"解读者"。在后续章节，你将会接触到一些关于这类人物的饶有趣味的描述。

但在我们进一步探讨之前，我们可以想象一种未来场景：在这样的世界里，我们的冰箱可以自动重新采购食材，这与当下某些打印机自动订购墨水的功能一样。

在这种场景下，一方面，冰箱的拥有者必须成为一位高级用户，以确保冰箱内置的算法可以准确地执行，换句话说，它要确保其始终能找到最优惠的报价来购买所需物品。

另一方面，对零售商来说，深入理解算法的决策机制同样至关重要。为何如此？因为通过这种理解，零售商或许可以找到影响算法决策的方法，或者他们会认识到有必要调整自己的供应链策略，使算法更倾向于从他们这里进行购买。这与为人类消费者制定的广告和产品战略有些许相似，只不过这次，算法成了主要的营销目标。

为冰箱做营销推广，这听起来是不是有些不可思议？但在一个由数字代理负责购物和消费决策的世界中，许多公司都会探讨如何影响这些数字代理的决策。如果真的能做到，他们又该如何行动呢？正如行为经济学家致力于深入了解人类的决策心理来引导我们的行为，算法也受到了同样的仔细分析。

SEO专家钻研搜索引擎算法的逻辑，以揭示如何使某些特定的网站获得更高的排名，而其他的数据分析师则专注于研究算法如何设定价格，进而预测最佳的购入时机。

如果你还记得我在第三章提及的那个关于两本在亚马逊上售卖的参考书价

格飙至8位数的故事，那么你可能会联想到遗传学教授迈克尔·艾森是如何通过观察亚马逊的算法行为，得以揭示驱动其定价策略的机制，进而导致价格连续上涨的事实。如果艾森能进一步找到促使算法降价的方法，他便可能成功地影响算法的行为，成为众所周知的首位公认的算法"解读者"。

第五章　算法是否真的能替代你的工作？

里奥·蒂菲什（Leo Tiffish）于2009年获得了计算机科学学士学位。（里奥·蒂菲什并非真名。它是@filetoffish1066的变形，而@filetoffish1066是一位分享故事的网络红人所使用的用户名。蒂菲什没有透露太多关于他自己的信息，甚至没有透露他的性别。）如果换作是其他学生，拥有2.3的GPA（平均绩点）可能会让他们对未来产生忧虑，但这并不能阻止蒂菲什成功进入硅谷的专业领域，并做出正确的职业选择。仅仅几个月后，他在湾区的一家创业公司中获得了核心职位。而在随后的7年时间里，这家公司变得非常有名。然而，到了2016年，蒂菲什的职业生涯遭遇了巨大的转折，在被公司解雇后，他向红迪网（Reddit，一个娱乐、新闻和社交网站）的用户寻求有关下一步行动的建议。以下是他在Reddit平台上分享的内容概要：

> 从6年前至今，我在工作中几乎没有做出任何实际贡献，这并不是夸张的说辞。我每周都坚持工作40小时，但大部分时间都是在办公室里沉迷于《英雄联盟》或是浏览Reddit来打发时间。在这6年的时间里，我真正工作的时间可能不足50小时。更令人吃惊的是，几乎没人发现这一点。所有的程序都运行得很稳定。

蒂菲什的年薪均为9.5万美元。对于硅谷地区的计算机科学毕业生来说，这个数字或许并不算高，但在美国的大多数地区看来，这已是一笔非常可观的收入。蒂菲什的主要职责是负责审查并测试该创业公司其他开发者所撰写的代码。这种角色在技术行业非常普遍：有一名人员专门负责对开发团队编写的代码和算法进行测试，以识别潜在的错误和漏洞。尽管这是一项既枯燥又要求高度专注的任务，但只要完成得当，其价值不可估量，可以确保公司发布的软件产品无瑕疵，避免潜在的风险。

尽管蒂菲什对于自己的工作内容并无太大的热情，但他深知自己能够得到这份职位是何等的幸运，因此从未有过任何抱怨。不过他也从未积极地寻找新的工作机会，而是为自己设计了一种摆脱日常单调工作的策略。他开始着手编写程序脚本，逐步实现任务的自动化。据他透露，他投入了近8个月的时间去开发能替代自己日常工作的算法。而更为有趣的是，这些算法很可能就是在他完成应得报酬的任务时编写出来的。尽管他并未过多地宣扬这一技术成就，但他确实做到了：蒂菲什成功地实现了工作的全自动化，随后的6年里，他的所有工作任务都由数字代理完美承担。

"robota"是斯拉夫语中一个古老的词语，意指那些平凡无奇、几近被奴役的劳动，就像蒂菲什被聘请来完成的工作一样。捷克剧作家卡雷尔·恰佩克（Karel Čapek）从"robota"中派生出了现今我们熟知的"robot"一词。1920年，恰佩克在其剧作《罗素姆的万能机器人》(*Rossum's Universal Robots*)中首次引入了"robot"一词，用来描述那些执行人类不愿承担的工作的人造劳动者。时至今日，这个词语已广泛融入我们的日常生活。不过，当我们提到"robot"时，大多数人首先联想到的是电影《终结者》中的仿生机器人或《星球大战》中的C-3PO以及更为机械的R2D2。但这个词语实际上所包含的意义远比这些表面形象更为深远。

在办公室中，蒂菲什与同事之间的交流非常有限。他回忆道："实际上，在工作场合我几乎没有亲近的朋友。除了我的上司以及我所负责测试代码的开发人员偶尔与我沟通，基本上没有人与我进行深度交流。"蒂菲什的经理与他的互动也只停留在简单的寒暄上。这种情境可能会成为商学院案例研究的焦点：一个管理者如何在长达6年的时间里都未曾发现其团队成员已将其工作完全自动化？

蒂菲什的日常生活仿佛是单调重复的，他享受着相对宽松的时间："在这过去的6年里，除了品尝美酒、玩《英雄联盟》、体验《反恐精英》以及坚持健身之外，我几乎没有其他娱乐。"但是，终于有一天，IT支持团队对蒂菲什的计算机进行了日志审查。他们审查的结果并不令人意外：蒂菲什已经不再手工测试代码。经过进一步的调查，他们发现了蒂菲什所开发的自动化程序，并随即将其上报给了公司高层。

面对高层的质询，蒂菲什毫不避讳地承认了对其工作内容自动化的事实。作为此事的后续，他的上司决定解除与蒂菲什的工作关系。

让我们更深入地思考这位经理决策背后的原因。很可能，他并没有预料到此类情况的发生。他的职责是管理一名专注于质量保证的软件工程师，但蒂菲什的所作所为明显超出了这一职责的范畴。身为"人力资源经理"，他接受的培训可能更偏重传统的员工管理观念，如确保员工的出勤、完成指定的工作任务以及维持良好的团队关系。从这一视角来看，他认为解雇蒂菲什似乎是一个合理的决策。确实，其中包含了一些合理的疑虑：如何保证蒂菲什所开发的算法真的能与人类执行的方式一样有效和安全？如果该算法在处理敏感信息时违反了公司规定，将会面临怎样的后果？

然而，这位经理的决策在某种程度上显得缺乏前瞻性。蒂菲什不仅完全符合这家初创公司的工作要求，而且更应该在公司中担任更高的职务并获得更丰厚的报酬。因为蒂菲什已经证明了他不仅能够开发可以自动化的工作程序，而且还知道如何实现这种自动化，并且能够持续、稳定地管理这些自动化过程。

然而，蒂菲什的经理似乎并没有意识到这种自动化能力的巨大价值。他更偏向于传统的"robota"管理模式，即期待员工不断地执行习惯的、重复性的工作。这种固守传统的管理观念与蒂菲什实际的创新行为之间的差异，导致了他们失去了一个潜力无限的员工。

在近年的各种学术讲座和研讨会上，我都以里奥·蒂菲什的故事为例。这个案例总能引起听众的极大兴趣。在我们的骨子里，很多人都希望成为蒂菲什那样的存在，我们期望能借助自动化技术未完成那些枯燥且重复的任务，从而专注于更有价值、更有成就感的工作。但这个案例更重要的一面其实是关于蒂菲什的经理，而非蒂菲什本人。为了突显这一观点，我通常会用一句话作为结尾，那就是：我认为解雇蒂菲什是历史上最为失败的管理决策之一。

数字代理正在重新定义我们对工作的认知。虽然商业界采用自动化技术已经有相当长的一段时间，但现在，员工开始主导自动化的进程。这种由员工主导的自动化会失控吗？

当你发现身边的朋友、同事甚至下属已经完全自动化了他们的工作职责，你会如何应对？我希望在你阅读完本书之后，能够在充满激情的同时又审慎思考，对接下来的决策有一个清晰的策略，特别是如果你处于管理层的位置。

当数字代理为我们服务时，我们可能会不禁想要"休息"一下，就像我们坐在无人驾驶的汽车里，不再需要亲自操控方向盘。但是，这真的可行吗？数字代理真的已经准备好承担所有的责任了吗？为了确保这些算法的可控性，某些组织已经决定雇佣专人来管理它们。这样的岗位能带给我们真正的成就感吗？如果反过来，让算法来指导和管理人类，又会有怎样的后果？当人们处在算法的管理之下，他们会有何种反应？让我们深入探讨这个话题。

自动化崛起之路：基层创新引领浪潮

几年前，一个名为马特（Matt）的学生向我发送了一封电子邮件，他希望能够获得关于职业发展方向的建议。他对我如何在产业界与学术研究之间取得平衡表现出浓厚兴趣。我认为这是一个极好的机会，于是决定让团队的新型数字代理艾米（Amy）来协调马特和我之间的见面时间。于是，我将邮件抄送了艾米，希望她能协助我们确定会面时间。仅仅16分钟后，艾米已经作出响应，表示正在查找2月28日的可用时段。她还指出，在我首选的会议时段里，我的日程已经排满了，因此建议选择其他时段。同时，她也联系了马特，询问他是否方便在早上9点时进行会面。约20分钟后，我回复艾米在2月28日当天不需为我安排任何其他事务。随后，艾米再次联系了马特并为他提供了三个可选的时段。到了第二天，马特回复确定最后一个时段最为合适。接着，艾米确认了这一时间，并为我与马特发送了会议邀请。

这个例子很好地展示了即便是安排一个简单的会议，也需要经过多次的沟通与协调。然而，故事中的一个关键点是：艾米实际上不是真实的人员，而是我雇用的一个算法代理。此算法被称为"Andrew"，是纽约技术公司X.ai所推出的一款产品。这家公司的宗旨就是"为广大人群带来个人代理服务"。艾米是"影子自动化"（shadow automation）的一个例子：虽然我的合作伙伴并不知道我使用了算法来帮忙安排会议，但我并没有刻意隐瞒这一事实。实际上，我每月都用公司的信用卡为艾米支付9美元的使用费。

工作流程的自动化已逐渐超越日常任务自动化，近年来这逐渐成为企业的一种新趋势。在过去，企业要实现特定的自动化操作，通常需依赖IT部门、工程师团队或深度合作的外部供应商。但如今，这种模式正在被打破。自下而上的自动化风潮正在兴起。阿尔·斯威加特（Al Sweigart）撰写的关于这一主题的实践指南《Python编程快速上手：让烦琐工作自动化》（*Automate the Boring Stuff with Python*）已经卖出了超50万册。考虑到这本书还以PDF格式在线上免费提供，销售数量实属不凡。Reddit社区内有一个名为"Automate"的板块专门用来讨论各种工作的自动化方法。其中一篇热门帖子标题是"我每周为公司'自动化'了100小时的工作"，作者是一位来自中小企业的员工。他成功地'自动化'了接收客户订单的流程，并表示："我们是一家规模较小的公司，因此无须解雇任何员工。相反，我们重新为我们的客户服务代表进行了职责定位，使其更加专注于客户服务。"这种自动化完全脱离了对IT部门或外部供应商的依赖，有时仅靠一个技术熟悉的员工即可完成。

基层自动化（grassroots automation）通常起始于简化一些基础任务，如邮件撰写流程优化。我经常收到来自有意就读的博士生的询问，他们的数量甚至超出我所能指导的范围。而我只需简单输入"/nophd"这六个字符，即可迅速指令我的电脑产生一段友善的回复，告知学生当前的指导情况及其他可选方案。如此，大多数回复我只需花费数秒，而不是几分钟。似乎这听起来节约的时间并不多，但长时间累积，这些节省的时间将累加，最终为我腾出几小时的宝贵工作时间。

随着大型语言模型的出现，一些复杂任务的自动化变得日益简单。也正是这些模型为ChatGPT这类聊天机器人提供了技术支撑。有趣的是，这些机器人偶尔会表现出一些让其开发者都未曾预期的"突现行为"，也就是那些并未被明确编码进去的功能。其中一个功能便是编写软件代码。我近期对其进行了一个测试，要求ChatGPT为我编写一个脚本以自动回复部分电子邮件。令我震惊的是，ChatGPT为我编写了一个使用AppleScript的代码，尽管这是一个我不太熟悉的编程语言，但它确实是自动化桌面任务的理想选择。而且，编写的代码确实能够成功运行。

在基层自动化的更高级版本中，我们可以见到像里奥·蒂菲什这样的人为了实现自动化工作而编写定制代码。虽然创建这样的定制代码可能需要投入不少的努力，但从长远来看，它为你节省的时间远远超过了你初次创建它时所投入的时间。

我经常听到与蒂菲什相似但结局更乐观的故事。例如，一名酒店的夜审员和蒂菲什一样，"自动化"了他的主要工作，并试图向他的雇主隐瞒此事，因为担心被解雇。但在被称为"红迪人"的Reddit的用户的鼓励下，这名审计员决定向他的上司展示他的自动化工具。结果，他的经理对此颇为赞赏，不仅给予这名员工晋升，还决定让整个连锁酒店的其他分店也使用这套自动化工具。

在荷兰有一个有趣的案例。一位员工尝试"自动化"他的软件开发工作流程，而当他向经理公开了自己的自动化行为后遭到解雇。但这位聪明的开发者并没有就此放弃，他决定向高层领导诉说自己的做法。当公司的高层管理了解到这名员工为公司节省了大量成本时，他们立刻改变态度，决定重新聘用这位开发者，还赋予他一个更高的职位。而那名先前急躁的解雇他的经理则因为这次冲动的决策被公司解雇。

越来越多的员工开始意识到基层自动化的巨大价值。试想一下，如果一个小型的自动化工具可以帮助他们节省大量时间，那么他们如何利用这些额外的时间就显得尤为关键。他们可以选择用这些时间为现有雇主做更多工作。但他们还有其他选择，比如另找一份工作，甚至可能是多份工作。

在我所做的研究中，我碰到了一些员工宣称他们能同时获得多份全职工资，同时达到所有雇主的工作标准。那么，这种做法是否合法，在很大程度上取决于他们的劳动合同。但这是否符合道德，答案并不那么明确。

随着算法经济的兴起和新冠疫情的发展，人们有更多的机会居家办公，这两个因素结合在一起促成了像用户@dreyfan这样的员工的出现。他在Y Combinator的网站Hacker News社区（Y Combinator旗下的一个新闻提交社区）上分享了自己的经历：

> 我目前有10份完全远程的工程师工作。由于要求不高，加上几乎没有什么监督，大家都对表现不佳的人很宽容，这样我就可以轻松地度过4~8周，虽然可能会被其中一个公司解雇，但今年我的预计收入将达到150万美元。而且，由于当前的面试过程非常简单，加上公司急需人手，我只需要总共花费2~3小时便可以找到一份新的工作，并且有无数的职位供我选择。

虽然无法验证@dreyfan描述内容的真实性，但他所提供的细节确实展现了多任务远程工作的潜在模式。当前的远程工作工具，例如Slack、Zoom以及各类虚拟机软件，为员工带来了前所未有的工作灵活性和自由度。这意味着员工可以根据自身的时间安排来工作，而不再局限于传统的朝九晚五工作制。

当然，这样的工作模式并不适合所有人或所有职业。有些岗位可能仍旧需要稳定的工作时段、快速响应或者与团队紧密协作。但对于那些自主管理、部分任务可自动化或是基于项目交付的岗位而言，采用多任务远程工作是完全可行的。

尽管如此，这并不意味着这是一个普遍现象。大多数员工可能还是会遵循传统的工作方式，即便他们选择远程工作。但@dreyfan的描述为我们提供了一种新的工作方式，尤其是对于那些追求极致效率和自由度的人。

但这也触及了一个道德议题。如果员工在多个公司同时工作，却并未告知各方雇主，这样的行为是否应当被接受？有人或许会认为，只要工作妥善完成且达到了预期标准，那么在个人时间内的任何行为都是没有问题的。然而，也有人认为这是不诚实的，因为这意味着员工可能并未全心投入任何一家公司。

无论如何，随着技术进步和远程工作的日益普及，我们有可能会听到越来越多这类故事。对于企业和员工而言，他们都需重新审视对工作、效率与职业道德的定义。

@dreyfan对其所服务的公司直言不讳："我选择的目标是那些资金充沛、正处于快速发展阶段的企业。这类企业常常盲目地招聘大量员工处理那些定义不明确的项目任务。"这类公司的高层经常因经验不足而对员工的期待并无明确定位，同时也缺乏对低效表现的有效管理策略。

在@dreyfan帖子的评论区，许多评论者也坦白自己同时拥有多份全职工程师的工作，并分享了他们的经验。用户@Lilbop写道："我目前签订了3份全职合同。确实，有时会议时间会有所冲突，但只要提前进行沟通，大多数时候问题都能够顺利解决。"@Lilbop进一步补充："你可能会惊讶于一个人能表现得多糟糕才会被解雇。有时候，我可能连续几天都几乎没有工作进展，但只要我能在周五集中精力高效产出几小时，同事们便对我赞赏有加。"

在这个算法经济的新时代，一些能够运用数字代理实现工作流程自动化的员工逐渐获得了主导地位，从而开始改变他们与雇主之间的传统权利结构。

无论是雇主还是员工，对这种现象都需保持高度警觉。当底层的自动化工具被掩盖时，它可能从一种机遇逐渐转变为潜在的威胁，进而成为被称为"影子自动化"的风险源头。那些未经上级批准而私下使用或研发数字代理的员工，有可能为公司带来潜在的风险。如果这样的员工突然离职，可能会导致组织的工作流程瘫痪。此外，长期依赖于自动化工具也可能导致员工的核心专业能力退化。里奥·蒂菲什坦言，经过6年"仅靠自动化维持"的工作模式后，他在软件质量保证方面的能力大打折扣。

究竟是谁在背后操控这一切？

在讨论任务自动化的趋势中，我们看到了许多曾由人类承担的任务，如今已被机器人算法取代。每个周末，我都与这些机器人进行互动，比如当Okuri（大栗）为我们送午餐的时候。

Okuri是一款专为购物中心餐厅服务的机器人。不过，你别指望它有一个与C-3PO[①]相似的形象。Okuri没有腿，没有胳膊，也没有闪亮的外壳，连一点英国口音都没有。它由四个红色餐盘和一个镶嵌在黑白色框架里的小屏幕组成，底部配备了一个带有多个轮子的移动装置。它在餐厅里移动时，就像一个装有智能传感器的吸尘器。

这个餐厅为顾客提供了一种更前沿的用餐体验。顾客可以通过特定的应用程序进行点餐。食物准备好后，Okuri便会从厨房出发，将食物准确地送到顾客所在的桌子。孩子们喜欢它，这种互动对他们来说很科幻，但对我来说却很乏味。就像我们家里的智能吸尘器一样，Okuri偶尔也会因遇到障碍物而受阻。以大卫·阿滕伯勒（David-Attenborough）的口吻来说，它遭遇了机器人最大的天敌——儿童，成为他们的玩物。这群小小的人类非常明确Okuri仅是由电线、马达、传感器和电路组成。我已经多次看到他们对Okuri进行恶作剧。虽然我未见到过他们真正损坏这台机器，但我的确看到他们多次站在Okuri前，单纯为了观察它的反应。

我是否有提及孩子们有时会对机器人施加某种形式的暴力？事实上，这是真的。在一项实验中，研究者观察了一个在购物中心执行巡逻任务的机器人。他们发现孩子们"持续地阻碍其行进"或"扭动机器人的颈部"，甚至用塑料瓶击打它。这些行为从简单的嘲讽到实际的破坏都有。简而言之，这些孩子的行为相当粗暴。有研究者提议，为了防止此类行为发生，应该通过编程使机器人在遇到孩子时自动靠近身高较高的成人旁，设定的"安全身高"标准为1.4米以上。

[①] 《星球大战》系列作品中的礼仪机器人。

不可否认，学者们似乎对机器人受虐这个议题表现出了一种奇妙的关注。在《给机器人一个教训：惩罚机器人的决定因素》(Teaching Robots a Lesson: Determinants of Robot Punishment)这篇论文中，一组研究人员调查了人们决定惩罚机器人的原因和时间。还有其他研究探讨了如"对自动驾驶汽车的虐待是否合理"以及"虐待机器人的伦理性"等问题。我也为曾对机器人施暴有点内疚。某次，我带着一个地板清洁机器人参加了一个小组讨论。当我们在讨论人工智能的伦理问题时，它正悄悄地打扫着我们周围的地板。但我带着它的初衷并非确保地面整洁，我更想观察，当它接近我的椅子时，我若是用脚踢它，现场的人会有怎样的反应。我注意到众人震惊的表情，直到有人高声喊道："请停下，这样做是不对的！"我才收手。另一次类似的尝试激发了这篇学术论文的创意："踢一只机器狗"。所以这些学者为什么如此沉迷于机器人受虐的研究呢？

在21世纪，我们已经很难再找到一个完全不受算法支持的工作领域了。同样地，算法本身在不涉及人的介入下很少能完全独立运行。在这种混合的人机协作中，我们可能不清楚谁是真正进行工作的主体，以及当出现问题时谁是应该承担责任的实体。

数字代理的潜力给我们留下了深刻的印象，以至于我们随意赋予它们大量的权限和决策权，却不设定适当的监督和制约。但更明智的做法是明确界定各自的责任范围，并为算法设置一个新入职的"培训期"，在其获得更大的自主权之前，对其进行严格的监控。基本而言，你应当如同对待新入职的员工一样对待它们。如果忽略这一点，你可能会面临无法预料的、灾难性的后果。

近期在澳大利亚发生的事件就是一个典型的例子。2016年7月，人类服务部（Department of Human Services）启动了一个自动化系统，旨在检测福利领取者是否存在过度支付的情况，并据此计算他们的应还款项。这一系统最初被命名为在线合规干预（Online Compliance Intervention），后更名为"Robodebt"项目。Robodebt的算法将公民的福利记录与他们的税务申报相对比，以确定是否有些人被过度支付，从而需要退还部分资金。令人惊讶的是，该系统每周发送的债务通知高达2万份，整个运行期间累计发出了超过100万份。考虑到澳大利亚的成年人口仅约为2000万,这一数据实在令人震撼。

然而,数量巨大并不意味着高质量。发出的约占总数一半的47万份通知存在误报。Robodebt的算法误导了公民退还了并非真实存在的债务。此外,已故的公民及领取残疾养老金的人群也被错误地发送了这些债务通知。不出所料,此事引起了公众的强烈不满。直到2021年,针对澳大利亚联邦的一场集体诉讼,最终达成了近20亿澳元的和解。这起事件清晰地揭示了一个问题,在缺乏人类有效监督的情况下,算法可能会持续犯下严重错误,导致数字代理领域出现前所未有的大丑闻。

Robodebt的案例表明,我们的法律体系尚未完全适应人类与算法协同工作的新形态。你可能还记得,我曾经提议我们应依据算法的自主性水平对其进行分类,类似于自动驾驶汽车的等级划分:从仅用于辅助人工的一级算法,到能够完全独立操作的五级算法。其中,三级算法需要人类对其进行审核并确认操作,而四级算法则要求人类实时监测其行为,确保其安全稳定,但不必对每一次输出都给予明确的批准。

尽管我对Robodebt的具体情况了解有限,无法详细剖析所有涉及的问题,但我确信,对算法能力的误解导致了这场灾难。如果该算法被归类为三级,那么每一次的决策输出都应在实施前经过人类的细致审核和确认,这无疑是至关重要的。2023年7月7日,英国皇家委员会发布了一份关于"Robodebt计划"的报告。报告强调,使用收入平均法估算公民债务"本质上是不公平的,许多人在没有收入的情况下却获得了收入"。算法并不邪恶,但它们以完全由人力管理的行政机构都无法做到的规模放大了这种不公平的方法。

在我与澳大利亚的法律专家合作,致力于推进澳大利亚行政法体系改革的过程时,我提出的核心建议是引入行政决策的标签系统。那么,这种系统带来的附加价值是什么呢?如果你不幸成为这种自动决策的受害者,那么你可以根据决策的自动化程度要求以不同方式重新评估该决策。例如,若一个决策纯粹基于没有人类监督的算法(如四级算法)产生,你就有权要求人类对其重新进行评估。我们期望在不久的将来,公共部门能够清晰地区分各种算法的功能,并相应地为其配置适当的人类监管。

当然，在算法与人类协作的领域中，同样存在许多鼓舞人心的案例。其中有一个故事令我印象尤为深刻。这一切源于一个实验。2018年11月26日，东京开设了一个为期两周的临时咖啡店。该案例提到，该咖啡馆的服务员是机器人，这或许不会让你感到意外。可能你想象的机器人是那些与我共度周末午餐的类型，只是它们的造型可能更为接近人形。但如果说这家咖啡店仅仅提供了我们常见的东西，并没有任何先进的特色，那确实与日本的传统创新精神不太相符。

咖啡店的策划团队深知，与机器人的互动和与人类的交流是截然不同的。设想一下，当我们再次走入咖啡馆时，机器人能够叫出我们的名字，我们很可能会想：显然，有程序员为它编写了这个功能。但如果是人类服务员记住了我们的名字，那我们会真切地感到被珍视，因为这代表了他们的真诚。这种建立起来的人与人之间的联系是无法被取代的，它也成为我们再次选择光顾的理由。

那么，是否可以在雇佣机器人为你的咖啡店服务的同时，仍然维持人类的情感交流呢？咖啡店的创始者给出了肯定的答案："当然可以。"他们采取的策略是双重雇佣，即同时雇用机器人和人类。

阿凡达机器人咖啡馆最初引入了三台OriHime-D型机器人。但是，这些OriHime-D并不是全自动运行的，而是通过人类作为"飞行员"进行远程操作。这家咖啡店共雇用了10名"飞行员"，男女各半，出于各种身体障碍、长时间卧床或其他原因，他们在日常生活中无法正常与外界进行互动，更别提担任服务员的角色了。但借助这些机器人的代理身份，他们可以看到、听到，并与咖啡店的客人进行互动。对于顾客来说，这无疑是一种独特而深入人心的体验；而对于这些"飞行员们"，这份工作不仅满足了他们心灵上的需求，同时也适应了他们的身体状况。咖啡店的策划者深情表示："随着机器人和相关工作的逐渐普及，即使我们被束缚在床上，只要我们的内心依然自由，我们仍然可以活跃在社会各个领域。"

这家咖啡店已从最初的设想走向了实践。2021年6月，它在东京的日本桥区开设了一家永久性实验室式的咖啡店。到了2023年初，已经有70名OriHime-

D"飞行员"加入了他们的团队。

OriHime-D的研发团队将其机器称为半机器人（demirobots）。这种将人类与机器人的特点结合在一起，以执行他们独自无法完成的任务的尝试，无疑是一个颇具创意的想法。在这样的模式中，机器人提供了强壮的体魄，而"飞行员"则带入了人的情感与温度。东京的这次实验进一步证明，人类与机器之间并不存在竞争。我们可以通过融合两者的长处，以充分发挥各自的优势。对于那些渴望保留"人情味"，同时又希望享受到企业自动化带来的便利的消费者，半机器人可能是一个很好的选择。

需要找经理处理问题吗？

当你与某个企业的互动出现问题时，你总是可以要求与经理交谈，因为他们的职责就是确保员工为顾客提供高质量的服务。比如说，一个咖啡店的机器人服务员不小心将咖啡洒到你身上，你肯定会希望，最好是不用你多说什么，就有一个经理主动站出来处理这个问题。几乎令人难以置信的是，很多数字代理没有得到适当的管理，让与"经理"交谈成为奢望。

Robodebt项目正是一个缺乏适当管理的算法走火入魔的典型案例。但是值得庆幸的是，现在越来越多的组织认识到，不论是独立运行的算法，还是嵌入机器人中的程序，都必须受到恰当的监管。因此，这些组织引入了一个新的职位——算法经理。

尼萨·斯科特（Nissa Scott）于2016年在位于新泽西的亚马逊仓库开始了她的职业生涯，她起始的工作算不上理想：她要负责搬运那些大而沉重的塑料箱。很多人对亚马逊的初级仓库工作表示不满。胡安·埃斯皮诺萨（Juan Espinoza）因为这项工作的高强度和重复性而选择了离职，他曾是一个拣货员，需要将顾客订购的商品放入塑料箱中："他们要求我们每小时至少完成400个订单……我受够了。我是一个人，不是机器。"但斯科特并没有选择放弃。加入亚马逊一年后，她获得了一个全新的任务：管理那些曾经帮助她完成工作的机器人。正如其他众多公司所做的那样，亚马逊也在逐渐自动化其部分业务运营。该公司选择自动化仓库操作，其目的是加快"从点击到发货"的整个过程。这个过程涵盖了从客户下单到商品从仓库发出的所有步骤。在只有人工完成的情况下，这个过程平均需要60到75分钟；但在引入机器人之后，这个时间缩短到了15分钟。对于一个以次日送达为竞争策略的公司来说，这无疑节省了宝贵的时间。

在接受采访时，斯科特解释了她在亚马逊的新职责："我现在主要是负责'照料'那些机器人。"这些机器人有时也会遇到问题，需要人类的帮助，她会对那些出了问题的机器人进行故障诊断。"这对我来说真的是一个巨大的挑战，因为每天都不再是简单的重复的工作了。"她如是说。

此处蕴含两个深刻的启示。

首先，斯科特发现，与公众的普遍认知相悖，与机器人协同工作并不单调乏味。事实上，所有可能的问题都可以在没有人类监督的情况下进行预测和管理。但是，那些非规范化的、难以预测的情况，正是需要人类介入并发挥其独特价值的关键时刻。

其次，全球领先的机构已经意识到，算法并非全自动运行，它需要被恰当地监控和"照料"。而对于一些经验不足的组织，它们容易受到一些算法和机器人"全自动工作"宣传的误导。当你听到某机构宣称其某个流程已完全实现自动化时，那么请谨慎对待。

设想一下：亚马逊的仓库机器人在无人监督的情况下独自运作，会带来什么后果？很难想象会有哪家机构放任这种情况发生。可能正因为机器人具有明确的实体属性，加之我们对其可能出现的故障有所了解，所以它们真正需要人类的照顾和监护。有时候，这些机器人会在我们眼前出现问题。

但当我们面对机器人遭遇障碍时，我们帮助它们是出于冲动，还是仅仅为了避免潜在风险？纽约大学蒂施艺术学院的研究生凯西·金泽（Kacie Kinzer）决定通过一项实验来一探究竟。2008年，她设计并制作了几个高约10英寸（1英寸＝2.54厘米）的纸板机器人，并为其配备了马达、电池和轮子，使其能够直线行驶。她将这些机器人命名为"Tweenbots"。并且她在每个Tweenbot上都绘制了一个活泼的笑脸和一双明亮的大眼睛，并附带有指示信息的小旗，希望路人能协助这些机器人顺利抵达指定地点。金泽将Tweenbots放置于纽约的华盛顿广场公园——一个人潮涌动的地方——距离知名的熨斗大厦仅有1英里的距离。那么，Tweenbots能否从公园的东北角成功到达西南角？它们会因为地面不平或撞到障碍而受挫，甚至误入马路而受损吗？金泽在她的项目的官方网站上写道："Tweenbots的成功之旅取决于路人是否愿意打破常规，与都市中的机械生命进行交互。"

为了密切观察实验过程，金泽隐蔽地进行了视频记录，追踪了一个名为山姆（Sam）的Tweenbot尝试抵达目的地的整个过程。所捕捉到的场景令她大为震惊。"每次Tweenbot因卡在公园的长凳下、与人行道的边缘摩擦而无法前进，或是陷入坑坎时，都会有热心的路人伸出援手，帮助它继续朝目标前行。"

然而，与山姆进行互动的路人并不总是严格按照旗帜上的指示行事。他们有时会根据自己的判断，为山姆选择他们认为更恰当的路径。金泽观察到"路人在某些情况下会无视Tweenbot上的正确导航指示，特别是当那个方向可能将机器人带入潜在危险的时候"。有些人甚至试图"教导"这个简单的机器人，尽管它仅是一个带有马达的纸板制品。她举例道："有一位男士将其调转方向，使其朝着刚刚来过的方向，并严肃地告诫Tweenbot不能那么走，那条路会把它带到马路上。"

试想一下：如果我们能对数字算法也展现同样的关心与善意会怎样呢？当然，当软件程序出现偏差或错误时，我们往往不会展现出同样的耐心和同情。这或许是因为它们没有具体的实体形态，我们与其之间的情感依赖程度较低，或者更有可能的是，我们并不确切地知道如何干预以提供协助。虽然普通人可以轻松地捡起一个掉落的Tweenbot，并指示它向正确的方向前进，但大多数电脑用户可能并不知道如何对一个执行错误的算法进行纠正。尽管如此，这些无形的算法仍然需要我们的指导、干预和监管。如果这些算法开始执行原本由人类承担的任务，那么我们应确保它们处于适当的管理与监管之下。

如何对算法进行有效管理？对此问题的回答会根据询问者的身份而有所不同。对于一个企业的首席技术官而言，管理算法更多是关注其技术层面。他们可能会运用多种软件管理框架和策略以确保应用程序的正常运行。这些工具在软件的维护和管理中发挥了至关重要的作用，但它们通常未涉及算法的责任分配、对组织文化产生的影响等更深层次的问题。这样的局限性是一个遗憾，因为当算法与人类密切协作时，它可能会带来一系列的组织性挑战。尽管如此，对于更注重算法的"人文"层面的管理角色，目前才开始逐渐受到关注。

当意识到算法监管的需求可能超出了传统的组织的边界时，世界各地的政府开始设立专门的部门或职位来负责对这项技术的监管，这与会计师、建筑师、医生等已有的专业职位具有相似之处。例如，2022年1月，英国政府下属的竞争与市场管理局设立了一个新的职位：算法评估和技术洞察主任。该角色的主要职责之一就是"研究如何有效地监管大型科技公司的算法系统，以确保它们的合规性"。这表明，对于这个新岗位来说，算法监管已被视为首要任务。许多其他机构也开始意识到此类需求的紧迫性。未来，对算法的管理和监督将越来越多。

当人类担当起管理者的职责时，算法和人类可能会展现出最好的一面。事实上，众所周知，大多数算法在沟通、协调和适应性方面都相对较弱。单独让算法运行，这些不足可能会被放大。但正因为这些限制，人类获得了介入并施展才华的空间，就如斯科特在亚马逊协助机器人一样。工程师们会强调：在特定领域，现代算法的表现已远超过人类，这是无可争议的。但在一个复杂且充满不确定性的商业环境中，人类的独特能力如适应意外状况、有效协调资源和精准沟通，仍是不可或缺的。就目前而言，结合人类与算法的优势远比单独使用它们更具策略意义。

尽管如此，仍有很多悬而未决的问题。监督算法的工作会不会使职业变得机械化？我们是否在尝试将人类"机器化"？真的有什么比单纯观察算法运行更无趣的事吗？尼萨·斯科特这样的例子表明，可以为人类设计出既不是机械化的，也不一定乏味的管理任务。

但是让我们更进一步地思考：如果角色颠倒，让算法成为管理者，又会出现什么情况？

对数字化的反思

在我曾服务的一家公司里，销售部的一名经理坚定地宣称："从今以后，所有的年度绩效评估只基于数据，无须再有其他交流。"这里所提的"年度绩效评估"是指与你的上级管理者就过去几个月的表现进行的对话。这种对话的核心议题通常围绕着"是否达成年初的预定目标"以及"是否满足获得奖金、调薪或晋升的条件"等问题。但这位销售经理认为，所有这些判断均可由算法来完成。在那时，我不禁戏谑地思索：如果经理把自己看作数据处理者，那他们的角色存在的价值又在哪里？我们是否可以考虑让算法来代替他们？

我所隶属的部门是研发部，主要职责是构思、打造原型并针对商业问题提出革新方案，这与我的工作描述完全吻合。尽管初听起来有些不可思议，但考虑使用算法替代经理确实是我工作的一部分内容。

在某个轻松的周五，我与几位团队成员设计出了一个机器人的雏形。准确地说，这并不是一个完整的机器人，它只是一具机械臂。我们在机械臂的夹具上固定了一个毛绒玩具，代表着公司中的销售人员。随后，我们将这具机械臂与一个模拟的销售数据库进行了连接，此数据库主要用于测试和研究原型。系统启动后，一旦销售数据未达标，机械臂即紧紧握住玩偶；一旦数据达到或超过目标，则会松开玩偶。它是那样冷酷无情，完全不受除数据外的其他因素所影响。这样的"机器人经理"真的是我们所期望的吗？仅仅凭借一个机械臂，真的能够高效地管理一个完整的团队吗？

显而易见，如同其他自动化技术，人工智能的应用也可能产生一些问题。2015年，有报道指出亚马逊的某款AI招聘算法对女性申请者表现出偏见。这个算法是基于历史的申请数据训练而成的，而这些数据反映出，过去的主要申请者和成功入职者大多为男性。因此，算法不经意地沿袭了这种偏向。即便是简历中已移除了所有与性别相关的信息，该算法仍旧能够区分出哪个是女性候选者。在接下来的两年里，亚马逊试图让算法"听话"，但该算法不断找到歧视女性的新方法。不过，如果这些潜在的偏见得到控制，像这样的算法可能会成为帮助管理者快速理解他们收到的大量文件的好工具。

确实，还存在一些旨在帮助管理者监控员工的算法，但在实际应用时需要格外谨慎。在新冠疫情时期，许多公司开始采用远程方式监测员工的工作情况。这些监控方式五花八门，包括追踪鼠标动作、键盘输入乃至员工使用公司核心应用的时间等。遗憾的是，这种监控形式往往会削弱员工的满意度，增大他们的工作压力。相对而言，利用算法为员工表现提供客观反馈实际上提升了他们的参与度：大多数人都认为，与人为的评估相比，算法评估更具有公正性。换句话说，我们不喜欢每时每刻都被算法监控，但我们乐于接受它们对我们工作成果的评价。

那么，是什么因素使得人们对算法化的管理产生排斥感呢？研究结果指出，持续不断的监控、算法的不透明性以及失去的人情味均为关键原因。

人们对持续的被监控深感不适。"仿佛时刻处于电脑的注视之下，不是由经理来记录或评估你的表现，而是由算法来实时追踪。"这是一名亚马逊仓库员工的抱怨。

我们也难以接受那些无法透彻理解其背后逻辑的决策，尤其是当算法在操作时缺乏足够的透明性。当《爱尔兰观察家报》的撰稿记者埃莉·奥伯恩（Ellie O'Byrne）在尝试深入挖掘Deliveroo（户户送）骑手的收入构成时，她发现自己无法计算出来，尽管她也亲身体验了骑手的角色。她在文章中引述公司的说法，指出骑手的薪酬"依据配送的距离和时间计算，基本工资为4.30欧元"。但除了这些明确信息，骑手们很难知晓自己为何获得特定的配送费用，并且只有在接下订单后，他们才能够知道具体的送货地址。

最根本的是，人们不想被视为毫无感情的机器，被算法无情地管理。奥伯恩描述她在Deliveroo的工作经历时提道："仅仅工作了3小时，我就感觉自己仿佛是一个执行命令的机器人，完全受一个AI系统的操控。"

然而，人类总是机智伶俐的。一旦我们了解了某个算法的内部运作逻辑，我们就有可能发现并巧妙地利用其漏洞。

华盛顿的优步司机便成功地突破了这种局面，并向ABC7新闻频道分享了他们如何巧妙地对抗算法经理。其中一名司机如此表示："我们完全掌握了各个航班的降落时间。所以，当飞机预计降落的前5分钟，我们会统一关闭应用……这样的话，费率就会因为供不应求而上涨，可能会达到10美元、12美元，甚至19美元。随后，我们重新打开应用，这样每位司机都能够享受到这一价格上涨的费率。"这群司机还为自己起了个名字："激增俱乐部。"他们的这一策略成功地迷惑了负责分配订单的优步算法，让算法误判为机场附近的司机供应不足，从而启动了激增定价机制，以吸引更多的司机前来。但这里有个转折：乘客并不是必须接受这一激增的价格的。在这种竞争激烈的环境中，他们还可以选择其他的出行方式，例如传统的出租车。因此，"激增俱乐部"的这一策略其实也伴随着失去乘客的风险。

故事还在继续。在澳大利亚的珀斯，一名对优步颇有微词的司机提到，出租车司机常常是造成价格激增的幕后黑手。为了拉拢更多的乘客，当他们在如机场这样的地方等待乘客时，会故意开启优步应用，从而向优步的系统展示似乎存在大量的需求。这样，当优步的价格上涨时，乘客往往会选择更为实惠的出租车。

随着技术进步的步伐加快，我们与算法的互动变得更为深入和复杂。在过去，我们或许仅仅与基于固定规则的简单软件互动；然而如今，人工智能与机器学习算法不仅正在重塑我们的工作环境，也决定着工作流程与绩效评估的标准。

当意识到算法的巨大影响时，人们自然会想要找办法去"操纵"这些系统，以期获得有利于自己的结果，就像华盛顿的优步司机和珀斯的出租车司机所展现的行为。这种策略性的做法很可能催生了"算法经理优化"这一新兴领域，旨在帮助员工更高效地适应并运用这些算法资源。

然而，这同时也带来了一个挑战：公司是否应该担忧员工对这种算法管理方式的不满？似乎许多零工经纪公司都认为他们总能找到愿意在这种条件下工作的人。但是，尽管在某些行业中使用算法招聘新员工可能很快，但在有些情况下这需要时间，因此招聘成本很高。确保当前员工满意可能比寻找和培训新人更为经济。理解并预防算法管理可能带来的负面影响通常是理性的商业决策。

那么，你如何判断一个算法经理对员工是否有害呢？这并不像询问经理或员工那么简单——我们常常意识不到隐藏在算法行为中的偏见或问题。但值得庆幸的是，有些组织专注于识别有害的算法。例如，算法正义联盟可以帮助你了解对员工的监控和非人化所造成的影响。

算法经济时代是组织转型的重要时刻。数字仆人是一种新型员工。有些以官方身份加入组织，公司有意识地引入算法工作者和管理者；还有些则是以员工对重复和平凡任务感到厌烦而进行的"影子自动化"的方式，即非官方加入，他们不愿等待其工作的企业转型。

这些算法不再仅仅是工具，就像过去的计算机软件那样。它们正在接管员工之前执行的许多任务，并且常常做得非常好，以至于我们中的一些人——客户、经理，以及其他员工——甚至没有意识到它们不是人。数字仆人让我们质疑以往对工作场所的所有假设。

虽然在某些情况下，工作是完全自动化的，但这种方法通常会在更大的范围内引发比解决的问题更多的问题。我们不能假设我们生活在一个二元世界里，工作要么由人完成，要么由机器人完成，而且人类被取代是常态。引入混合的人类算法团队有很多原因，效率只是其中之一。

值得欣慰的是，越来越多的组织开始认识到管理他们的算法的必要性。他们开始将算法视为员工，当算法遇到难题时给予支持，并且随时准备纠正算法在无意中犯下的错误。

当我与希望引入算法来执行传统人类任务的企业合作时，我鼓励他们以不同的方式看待算法。如果这些算法是普通员工会怎样？你会把它们安排在哪个团队中？它们的同事和管理者是谁？将人类和机器结合在一起的多样性——这重要吗？你会如何招聘和培训它们？什么时候解雇它们或将它们重新分配到其他任务中？如果算法承担起管理角色会发生什么？你如何确保它们正确执行任务？谁来管理这些算法经理？你将如何确保算法管理不会对人类员工产生负面影响？这些不是假设性问题。正如我们在本章中所看到的，这些正是当今企业必须直面和解答的实际难题。

第六章 算法是否会梦到电子羊？

即使是那些最具创新力的企业，在尝试对自身结构进行根本性的重塑时也面临着艰巨的挑战，特别是在现有的商业模式下进行超出微调的变革似乎异常艰难。但为了长远的生存和发展，它们有时必须勇敢地做出这样的决策。

以诺基亚为例，它是全球为数不多的在展示了卓越的创新能力的同时，却在适应瞬息万变的世界中表现出近乎令人不敢相信的缺乏应变能力的公司。这家源自芬兰的企业成立于1865年，起初仅是一家生产纸浆的工厂。在其首个百年的发展历程中，诺基亚推出了一系列产品，包括卫生纸、胶鞋、防毒面具和军事通信设备。但直到20世纪80年代，诺基亚才真正进入了数字技术领域，并开始涉足个人电脑的生产。1987年，它进军移动通信市场，发布了Mobira Cityman 900，那是当时全球第一款手持移动电话。

在接下来的20年，诺基亚经历了一段犹如金色时代的辉煌历程。1991年，历史上首个GSM（全球移动通信系统）电话呼叫就是通过诺基亚的设备实现的。到了1998年，诺基亚已成功成为全球手机销售冠军。2003年，它再次站在行业前沿，发布了第一款带有摄像头功能的手机。在这个时期，诺基亚毫无疑问是创新和数字化转型的领军者。2007年11月12日，诺基亚的CEO登上了福布斯杂志的封面，标题醒目地标注："拥有十亿用户，谁能挑战这位手机领域的霸主？"

然而，此后的岁月似乎注定了诺基亚的命运。外界几乎没人能预料到诺基亚的高速发展会突然遭遇如此挫折。但现在我们都清楚，这一切的转折源于新的市场竞争者的进入。正是在那一年稍早些时候，当诺基亚沉浸在自己的辉煌成果中时，一家正在探索自己前进方向的苹果公司，发布了其首款iPhone。对许多人来说，这款新手机似乎有些与众不同，更像是为科技爱好者设计的先进玩意，而非传统的手机。然而，这个时刻标志着诺基亚的命运岌岌可危。至今，诺基亚仍在努力寻找自己的再创新之路。

为何创新如此艰难？部分原因是，在一个已经成熟的市场中，那些具有新兴的趋势或模式的企业，无论是在技术上还是商业模式上，往往被低估或被视为尚未成熟。以电动汽车为例。仅仅10年前，拥有电动汽车就意味着你常常需要为续航而忧虑：我是否能够在电量耗尽之前成功到达目的地？这种顾虑成为许多司机的困扰，尤其是考虑到充电的难题。我还记得2012年在新加坡的经历，那时我驾驶了一辆电动汽车。由于家中无法为车辆充电，我只知道岛上有一个距离我住所相对较远的充电站。尽管这辆车给予了我独特的驾驶体验，但在某种程度上，它却变成了一种负担。绝大部分汽车制造商都不期望他们的用户有如此糟糕的体验。

虽然电动汽车技术充满了巨大的发展潜力，但考虑到其短期的挑战与潜在的风险和回报，很多制造商选择了观望。这为如特斯拉这类专注于电动汽车技术的企业创造了巨大的市场空间。因为他们并不需要担心损害已有客户的满意度——开始时，他们几乎没有任何客户。但这带来了一个核心问题：我们是否应该在一个有可能颠覆我们行业的趋势上进行投资，即使这在短期内可能会不被客户接受？这个问题被称作"创新者的困境"。

矛盾的是，对于诺基亚，倾听他们客户的意见反而让他们对iPhone的潜力视而不见。他们难以理解：为何消费者会选择一个没有键盘、电池续航仅一天的设备？但颠覆性创新的本质在于，初次推向市场的产品可能在某些方面存在不足，或只满足次要市场的需求。

所谓的"创新者的困境"实际上是沉没成本误区的一种体现：我们往往因为过去的资源投入和战略决策，而不愿调整或改变当前的策略方向，哪怕现有证据显示策略调整更为合理。此误区之所以存在，很大程度上缘于我们对过去决策的情感投入。但如果我们能摆脱这种情感束缚，是否就可以成功地避免"创新者的困境"呢？在此方面，算法发挥了至关重要的作用。除非它们被特定地编程为倾向于某种特定的决策模式，否则它们会客观地追求最优化的策略。可以说，算法可能是在商业环境中实现真正客观创新的关键。

企业所面临的一大关键挑战就是如何使创新常态化，让其融入企业的日常运营中，而不仅仅作为一个特殊的项目。在这样的背景下，我们不禁要问：算法经济是否能助力那些正寻求企业转型的领导者？就如同我在创新领导力培训中所接触的AI系统，它们是否能够推动这样的转型过程？简而言之，这还有待观察。但更乐观的看法是，算法经济有可能使创新成为组织中的固有元素，成为日常工作的一部分，而不只是零星和孤立的努力。

这种基于算法的创新与传统的创新模式有所不同。算法并不会参与创意启发会议或设计思考活动，这些通常是创新领域专家的专长项目。它们也不会开展与用户的深度同理心访谈，正如设计思考的专家所做的那样。恰恰相反，它们更专注于持续不断的"变异"与"适应"，这与生物在自然界中适应其环境的方式相似。

需要我们强调的是，并不是所有算法都具备自我变异的能力。大部分的算法都是固定不变的，除非经过人为的编程调整，否则它们不会自我改变或适应新环境。然而，确实存在一些为了进化而特别设计的算法，它们能够从自己的行为和结果中吸取教训。这些算法有时会引入随机的变异，并评估这些变异所带来的后果；若变异产生正向影响，它们会保留这些改变。这种细微的调整可以被看作是宏观"创新项目"的微观版本。最为关键的是，这些算法能够自主、大规模运作，为已经实现自动化的业务流程提供持续支持。

马克·扎克伯格（Mark Zuckerberg）曾明确指出，脸书能够同时进行数万次的A/B测试。而回到2008年，当谷歌还没有达到今天的规模时，它已在搜索引擎上为每位用户进行了50到200次的并行测试。进行如此大规模的实验并不简单，它要求从提出假设到确定在成功的实验后是否继续实施相关变革的整个过程都实现自动化。这种能力，正是变异算法赋予的持续创新的核心特质。

创新源自好奇。传奇的创新家沃尔特·迪士尼（Walt Disney）曾经说："我们从不沉浸于过去太久。我们始终前行，不断探索新的领域，寻找新的事物，因为我们充满好奇……而这种好奇心总是引领我们前进。"那么，算法能否真正拥有好奇心？它们能否实现真正的创新与创造？

每当我思考算法在创新、创造力或好奇心这些领域的可能性时，内心总有些许疑虑。若是几年前，我或许会坚信，除了使用一些基本的"变异"技术外，算法实际上不能真正地给予我们启示，但现在我不那么肯定了。

这让我想到一款名为"故事骰子"的家庭游戏。这款游戏由9个六面骰子组成，每面都印有独特的图案，而非传统的数字。玩家掷出骰子，并根据面向上的图案编织一个以"很久以前……"为起点的故事。面对这些随机图案，你可能会为自己所展现的创造力感到震惊。在过去，我或许会认为算法与"故事骰子"采用类似的创新方式，即依赖它们随机生成的建议来激发新的灵感。

但近几个月里，算法的快速发展真的令人叹为观止。像2021年大放异彩的GPT-3这类算法，它现在已经可以撰写与大学研究水平相当的文章。到2023年初，当Microsoft在其搜索引擎Bing中整合了ChatGPT版本时，它为用户提供了一个调节滑块，允许用户选择"对话风格"。其中的三个选项是：精确、平衡以及创意。

在2022年，我们见证了一系列算法的涌现，它们不仅能够生成文本，还能创作出震撼人心的视觉和音频作品。在那年的8月，杰森·艾伦（Jason Allen）在科罗拉多州的艺术博览会的数字艺术部分夺得了头奖。他的获奖作品《太空歌剧院》（*Théâtre D'opéra Spatial*）是由一款名为Midjourney的算法生成的。这款算法根据一个简洁的提示进行创作，而其生成的内容却令人惊叹：其产出的作品远超过我们对于算法的传统预期。

到目前为止，在这本书中，你已经认识了一类彻底颠覆我们对计算机能力传统认知的算法：大型语言模型。这类模型在与文本相关的领域都有出色的表现：它们能够解读、翻译并生成各种类型的文本，从诗歌、信件到商业计划，其生成的内容仿佛出自人类之手。我们还在不断地探索这类大型语言模型所拥有的潜能，它们可以完成许多原本未被明确设计或编程的任务。

但大型语言模型仅仅是所谓生成性人工智能大家族中的一个成员。就像我在第一章提到的，由谷歌开发的那款音乐创作算法，它同样是生成性AI的一员。而艾伦使用Midjourney算法创作的获奖作品，同样证明了生成性AI在艺术领域的潜力。

艺术界对这些算法的出现感到不满，而这还只是轻描淡写的表达。某位推特用户在回应艾伦的获奖作品时这样说："这太糟糕了，这和我们为什么不让机器人参加奥运会是一个道理。"奥运会旨在赞美人类的体育成就。我们为完成10000米赛跑的选手鼓掌，但在日常生活中，我们更可能选择技术手段来跨越这样的距离。或许，在艺术领域，我们是否应设立一个"人类艺术"类别，专门赞美人类的创造才华，并在其他方面让算法展现其魅力？

那么，商业创新与玩故事骰子、ChatGPT的诗歌创作，以及Midjourney生成的获奖图像之间又有何种内在联系？正如生成型AI正在逐步改变艺术领域的现状，它们也潜藏着对商业领域产生深远影响的能力。进一步而言，企业在自动化模式上达到更高水准时，便有更广阔的空间来开展规模庞大的自动化创新尝试。

那我们又应如何定义商业自动化的极致境地呢？在本章中，我将详细探讨这些已达到高度自动化状态的机构。在这些机构中，人类的参与度近乎为零，它们在正常运转的前提下不需要任何一个人甚至CEO。这种机构能够在完全排除人为因素的前提下，自我设计并实现持续的进化。这种现象可被视为数字化的进化，其中，最高效的算法将成为这一领域的主宰。至少从理论上看，确实如此。

但在我们深入探索由好奇心驱动且具备持续进化能力的算法前，我们首先要对人类自己——这群天生就对万物充满好奇的生物进行深入剖析，探求到底什么是真正催生商业创新的原动力。

成为一名探索者

在布里斯班烈日当空的早晨,我车内的空调似乎难以对抗外界的酷暑。周围的建筑物都显得巍峨庄重,大部分都由坚实的混凝土和钢铁筑成。当我们抵达指定地点时,我选择停在了附近仅存的树荫下。四周的寂静告诉我,人们都选择待在室内避免炎炎烈日。我与同事弗雷德里希(Friedrich)走出车辆,向着大楼的入口走去。仅仅50步的距离已使我们汗如雨下。弗雷德里希曾在德国工作,后来加入我的团队,前来澳大利亚进行数字化转型的深入研究。

当我们步入大楼时,凉爽的空气与热情的问候立刻迎面而来:"各位先生,欢迎来到沃特金斯钢铁公司(Watkins Steel)!"迎接我们的是沃特金斯钢铁公司的董事总经理德斯·沃特金斯(Des Watkins)。自1968年成立以来,这家公司一直致力于提供钢铁制造服务。我迅速取出手机,接上麦克风并启动录音功能。

5年前,如果有人邀请我参观一个钢铁制造工厂,我可能会毫不犹豫地谢绝。因为在我的旧有观念中,这似乎是一个缺乏新意的领域。但不可否认,钢铁制造在现代社会中的重要性是不容忽视的,它为整个建筑产业提供了坚实的支撑。虽然切割、磨削和焊接这些操作在表面上看起来并不稀奇,但这个领域蕴藏着无数的奥秘,还有很多未知板块等待我探索。

于是,我参观了这家企业并与其团队进行了深入的交流。事实上,是我亲自提议去走访沃特金斯钢铁公司的。我对此充满期待,不仅是因为他们配备了如无人机、激光雷达以及热等离子切割机器人这类高端设备,也不仅是因为他们应用增强现实技术在模拟建筑环境中优化建筑流程。我之所以决定参观沃特金斯钢铁公司,是因为他们成功地将自身从传统企业升华为数字服务的先锋,同时仍保留了其固有的竞争优势。我希望深入探寻他们转型成功的秘诀。

我与德斯·沃特金斯的初次交往要追溯到2018年初。当时,我们双方都受邀在一个行业大会上发表演讲。对我而言,与企业高管的交流已经屡见不鲜。许多CEO和董事以及总经理在提及数字转型的议题时,常会抱怨各种困境与难题,如"我们缺乏必要的专业技能","供应商并不配合","客户并不急迫要求我们走向数字化",或是"我们正忙于日常经营中"。

但与沃特金斯的谈话却与众不同。当我尝试给予其一些建议,并指出企业并不需要急于一时完全实现数字化时,他坚决地反驳:"马雷克,我们确实需要现在就做。"当我再次尝试提出更为折中的观点时,他回应道:"我们的生产线已经实现了完全自动化,并成功整合了增强现实技术。此外,我们还开发了一款与全息透镜兼容的安全帽(一种增强现实头盔)。你觉得微软会对此感兴趣吗?"这种出人意料而又十分果断的回应,让我仿佛置身于硅谷的某个高级钢铁制造技术大会,而非传统的工业界。这样的交流深深吸引了我。

沃特金斯钢铁公司无疑是金属制造行业的领军企业。2021年,该公司荣获奥普图斯企业白金奖(Optus Enterprise Platinum Award),并在布里斯班的知名市长商业奖(Brisbane's prestigious Lord Mayor's Business Awards)中脱颖而出。但我深信,沃特金斯钢铁公司的辉煌历程才刚刚起步。它巨大的成长潜力仍有待于我们深入探讨和见证。

在2018年那个酷热的早晨,弗雷德里希与我深入沃特金斯钢铁公司的核心团队,探索了数小时。我们试图深入了解,一个中小型企业如沃特金斯钢铁公司为何能在数字化转型中展现出如此卓越的表现。这家公司已成为创新的标杆:它不走寻常路,持续探索新的商业机会,旨在为客户和建筑行业生态创造更大的价值。

自2014年沃特金斯钢铁公司开启其数字化转型,其生产流程已实现了机械自动化,更引进了激光扫描、增强现实技术和先进的设计软件。而利用这些尖端技术,他们不仅能提供传统的制造服务,还拓展至与钢铁制造非直接关联的领域,例如建筑物体积分析和实地模拟。考虑到公司提供的多元化服务已经超越了传统的钢铁制造范畴,沃特金斯钢铁公司进一步成立了一家子公司Holovision 3D。

弗雷德里希与我对此深受启发。这家企业基于识别和利用潜在趋势而建立。虽然其规模不大,但员工却持续被鼓励探索、创新,并勇于迎接未知的挑战。他们积极参与各种行业展览和活动,目的是从一个全新的"外部视角"获得有关内部运作的深入洞见。员工有权限购买新技术并开展实验性探索,尽管这些投资背后的真正价值仍然不明朗。

德斯·沃特金斯不仅是一位卓越的企业家,更是这个时代的"游荡者"。他在商业领域里游走,不受传统限制,勇于涉足未探索的境地以寻找新机会去打造独有的价值。他的这种行为方式与"游荡者"在小镇的街道上漫游的姿态相似,这并不是为终点,只为途中的风景。正是这种敞开心胸、充满好奇的探索精神,使沃特金斯钢铁公司从众多同行中脱颖而出。

当我们借用"游荡者"的视角看待企业时,实际上是在讨论企业的好奇心与探索欲。正如"游荡者"在大都市中寻觅未知和有趣的事物,企业也应当持有这样的好奇心与胆识,去探索新市场、新技术和新方法,以促进其持续创新与发展。

沃特金斯钢铁公司的案例告诉我们,对企业而言,好奇心不仅仅是一种情感状态,更是一种核心能力。这种能力使企业能够在瞬息万变的商业环境中捕捉新的机会、应对新的挑战。这也解释了我坚信"游荡",也就是那种有意的非目的性的探索在企业领域至关重要的原因。

在这个日益数字化的时代,企业的探索不再仅限于物理世界,而更多地发生在数字领域。这意味着企业需要拥有更强大的技术实力、更敏锐的市场直觉以及更高的创新意识。但更重要的是,企业需要持有一种"游荡者"的探索精神,勇于涉足未知,挑战自身极限,以创造出真正的价值。

你是否还记得我在第五章提到的那家由人类和机器人混合团队运营的日本咖啡店?其创始人正如真正的游荡者一样,受到探索未知世界的好奇心的驱使。他们首先提出问题,再探求答案。对这些早期的探索,他们称之为"假设"。有了这种"假设"策略,他们开始了持续的反思。他们永远不满足于仅仅提出问题和做实验,而是被持续的好奇心一直引领着前进。

当在商业领域中谈论"无明确目标的探索"时,我有时会受到质疑,主要是因为某些企业无法接受实验可能会失败。在我所接触的众多企业中,"无明确目标的探索"这一术语并不是他们在申请创新资金时常用的措辞。这些企业希望通过策略调整来提高创新成功率，但这种思维模式往往使他们偏向于进行那些"可预见的"和"安全"的实验。但这与真正的探索精神不是完全背离了吗？

企业应该采取多方位的思考方式。他们应当更加关注的是整体的成功实验数量，而非单一实验的成功率。如果一个企业仅在有限的创新预算下进行了少数实验，那么维持一个较高的成功率确实是具有挑战性的。但如果他们用同样的预算进行更多的实验又会如何？这些实验必须更具成本效益且规模适中。这会让他们有机会探索更多有前景的领域。再进一步，如果预算还有余额，那么最有潜力的方向就可以得到进一步的探索。在商业环境中，好奇心实际上是一个数量问题。哪怕在1万次实验中有99%都是失败的，但仍有100次实验是成功的。企业服务完全实现自动化，每天都能进行上万次甚至更多次的实验，正是脸书和谷歌这样的巨头所追求的目标。

至于戴斯·沃特金斯提到的微软全息透镜的安全帽版本，的确，微软对此前景确实表现出浓厚的关注与兴趣，只是他们并未察觉到沃特金斯已先行一步将此构想付诸实践。那年晚些时候，微软与位于桑尼维尔市的Trimble公司达成了合作，共同设计并研发了专门为全息透镜定制的安全帽型号：Trimble XR10。

算法的革新变革

卡特尔（Kartell）是一家拥有深厚家族传统的意大利家具制造巨头企业，被誉为创新的领跑者。正如其网站所述，它像一个真正的闲逛者，被"探索新路径和投身于新体验的愿望所驱动，这些体验充满了对创造的强烈热情"。自1949年创立起，该企业便与法国知名设计师菲利普·斯塔克（Philippe Starck）保持着紧密的合作伙伴关系。

近期，卡特尔联手斯塔克以及3D软件巨头欧特克，共同推出卡特尔系列的创新产品。他们决定充分发挥人工智能技术的潜力，去创造一把独特的椅子。为此，欧特克提供了一套独特的算法，此算法可基于高级设计要求和规范自动产生设计方案。斯塔克为这款AI算法描述了设计的属性，提供了具体的设计标准和限制条件。椅子属性涉及稳定性和风格：设计必须恰如其分地体现卡特尔的品牌特色并确保其稳固性。而且，考虑到"卡特尔致力于环保"的企业理念，算法在设计过程中还被赋予了优化材料使用的任务。

此次采用的设计椅子的策略被称为生成性设计。这种设计策略实现了人工智能算法与人类设计师的深度融合与合作。首先，基于设定的具体需求，算法提供了一系列的初步设计选型。接下来，人类设计师将对这些初步设计进行评估，接受某些设计并剔除其他设计。这一阶段通常帮助设计师明晰某些不太明确的设计假设，使得算法能够更为精确地理解和执行这些指导思路。在获得初步反馈后，算法开始生成第二轮设计，对原有设计进行细致修订和优化。这些细节上的微调可以被视作设计进化过程中的"变异"，它们旨在孕育出更为优雅的设计草图。经过数次如此的交互迭代，最终的设计逐渐完善并呈现在大家面前。

卡特尔发布了一段描述此设计进程的视频，其内容呈现方式非常引人入胜。初步的设计显得比较粗糙，给人的感觉似乎是Roblox游戏中的角色，或者像是由几块Duplo积木拼凑而成的。但随着设计的迭代，椅子的形态逐渐成熟，线条变得更加流畅，四腿均匀稳固，其独特的支撑结构渐渐形成。视频接近尾声时，那款经过多次迭代而最终敲定的椅子设计，以被简洁地命名为"A.I."正式亮相。

斯塔克形容椅子的设计过程如同一场深入的对话：

> 菲利普·斯塔克、欧特克和卡特尔向人工智能提出了这样的问题："A.I., 你能否用最少的材料为我们构建一个稳固的支撑？"
> 而"A.I."不受文化背景、既有知识或偏见的束缚，仅凭其纯粹的"人工"智慧，做出了回应。

卡特尔在2019年夏天推出了这款椅子。有评论家形容其为"出其不意的有机设计作品"。在成长过程中曾看过《电子世界争霸战》（*Tron*）这类电影的人们，往往会预期计算机生成的设计应由直线和角度构成。但是，真正的有机设计难道不应该为我们带来一丝惊喜吗？不论是神经网络还是自然进化过程，我们的设计往往受到自然界的启示。如果它们看起来并非如此自然、有机，那才真的令人感到诧异。

对于那些寻求开发创新的产品和服务、接触新的客户群体或深化现有客户关系的组织来说，算法可以提供关键的指引。只要"终极愿景"能被算法精准解读，它们就能够对已有的产品、服务以及流程（例如客户沟通方式）进行细微的优化，使之更为接近这一目标。这些细小的变革，也就是"突变"，提供了可进行"实时"试验的选项，或供人类（无论是客户还是员工）评价和选择。其中某些创新得以"存续"，不论是因为客户和设计师们喜爱它们，还是算法判断其为更佳选择。卡特尔的"A.I."椅子在达到最终设计前，已经经历了上百甚至上千的迭代和突变。

对于深耕于人工智能研究领域的我们，当看到一些突破性的进展时，我们都能切身感受到这一跃进的意义。但对于外界，他们很可能只注意到最终的成果，而未曾了解过背后的辛勤努力与技术的巧夺天工。我们每周的"读书俱乐部"成为一个回音壁，为我们这些研究者提供了一个机会，来共同欣赏和感受近年来AI技术的飞速进展。

例如，文本生成工具ChatGPT在接受特定指令后，能够生成流畅而具有逻辑的文字段落。同样，Midjourney这类的图像生成系统则能够呈现出令人叹为观止的图片。对我来说，这些工具所展现的技术实力是令人震撼的，尤其是考虑到不久之前，这样的技术仍处于探索与起步阶段。但对于那些缺乏相关背景知识的人，他们可能更容易关注那些细微的不足，而忽略了整体的突破性进展。

这其实并不是对技术的不尊重，而更多的是一种普遍的心理现象。当我们开始习惯了某种技术时，我们会对其有更高要求。最初的惊艳和兴奋随着时间的流逝会逐渐淡化，转而是对这项技术的日常化期待和对其进一步完善的要求。这也解释了为何尽管现代智能手机拥有令人震惊的处理能力、摄像功能等高端配置，但往往还是会因电池续航或某个小细节而受到诟病。如果是20年前，这样的设备绝对会被奉为科幻作品中的魔法。

正如每一个技术的发展进步，初期的惊叹与赞誉都会逐渐演变为平淡和理所当然的态度。但对于我们这群扎根于技术研发的研究者，保持对科技革命的敬畏和珍视，同时不断推动技术的发展，是我们永恒的追求。

尽管对于许多人来说，现代算法已经成为生活中的"常态"，而不再是某种"神秘"或"非同寻常"的存在，但其实其中有很多是经过精心设计的，以使其真正融入"日常"。这些算法所输出的结果，很多时候与人类或自然界的创作相差无几，它们没有明显的机器感或合成的迹象。

近些年，AI界引入了一种被广大研究者采纳的机器学习框架，即生成对抗网络（GANs）。它基于一种独特的机制，即建立两个算法之间的对抗性互动。一个算法专注于创造内容，而另一个则扮演评审者的角色，对前者的创作进行评估。例如，当一个算法尝试设计一款汽车模型时，另一个算法可能会反馈："的确，这比你之前的尝试设计更接近于真实的汽车。"（或者说："这看起来与真实汽车相去甚远。"）这样的反馈循环帮助第一个算法判定其是否正沿着正确的设计路径前行。这种对抗性的学习方法已经催生了许多高效的算法。

这些算法的出色表现引起了人们的广泛关注和担忧。当人们观察到一个"常态化"的算法输出，却无法确定它是否由机器生成时，我们可能会对其产生过度的信任。在这种信任之下，我们可能会在无意中将人的特性赋予它们。例如，当算法产生意外的输出时，一些人可能描述它似乎在"产生错觉"；而当它产生与情感相关的内容时，有人则会质疑这一算法是否具有感知能力。

这类算法有可能被用于误导人类。你或许听过Deepfakes（深度伪造技术）：这是一种AI换脸技术，还包括语言模拟、人脸合成、视频合成等，如总统、演员、首席执行官发表了他们实际上并未说过或发表过的言论。只要Deepfakes生成的内容质量高且能被误认为是真实的，它们就有可能被用于制造和传播假信息。

在高等教育领域中，如今特别关注的一个问题是学生利用文本生成算法完成作业的现象。考虑到这些算法能够精准地模仿人类的写作方式，它们有能力生成与绝大多数学生的水平相当的论文：或许不是特别出色，但的确通俗易懂并在某些情况下超过平均水平。学生可以在几分钟之内生成一篇完整的文章，并进一步对其进行修改以满足特定要求。目前还没有能够准确鉴别这类论文来源的反抄袭工具。这为教育者带来了一系列前所未有的挑战。然而，一个鲜少有人提及但至关重要的问题是：我们是否应该允许学生使用这些工具？如果允许，我们是否应该教导他们如何有效地使用这些工具，以呈现他们真实的、原创的见解？目前，一些高等教育机构开始鼓励学生使用生成型AI工具，而不是单纯地禁止其使用。

算法的能力可以助力企业推进创新边界，实现从有意识的设计到"无偏见的探索"的转变。与人类不同的是，算法并不具备特定方向的偏好，除非被特定编程指令明确地引导这么做。这种无束缚的探索可以延伸至各种可能的方向，这难道不正是一个无目的的、随意探索的"游荡者"所体现的精神吗？

AI领域的研究者正在深入研究算法的"好奇心机制"。他们定义算法中的好奇心为"代理在预测其行为所产生的结果时所遭遇的误差"。误差越大，也就是预测结果越不确定，算法的好奇心也随之增加，推动它更深入地进行探索。这可以视为一个数字化的游荡者。

在我专业的实践经历中，就曾与众多机构紧密合作，共同建造他们的数字化战略。近期，我参与了一个与大型政府机构合作的项目。该项目的独特之处在于我们采用了"未来思考"的方法：我们构想了一系列可能在未来10年或20年出现的情境，并验证了策略方向是否与这些预期的未来情境相符。这是一个严格的过程。我们并不仅仅是凭空想象。反之，我们会进行深入的前期研究，明确未来发展的关键驱动因素，并探讨这些因素可能引发的极端变化情况。这引出了一系列极具差异性且略显极端的未来情境。我们会将这些称作"情景"的预设未来提供给研究参与者，从而收集他们对于如何应对这些情境的策略建议。

对于这一项目，我们的目标是为2030年的澳大利亚昆士兰州设想4种潜在的情境。经过深入的前期研究并确认了关键的变革维度之后，我们已为这4种情境勾画出了初步的轮廓，接下来需要为其编写4篇情境描述，简明扼要地总结我们的研究成果。简而言之，我们拥有数百个数字化的研究记录，而现在的任务是将它们融合成4个明确的未来情境。

编纂这些情境描述通常要耗费我们好几小时的时间，有时甚至更长。为了确保描述的准确性，我们需要深度分析每一个研究洞见，并权衡其是否值得纳入文中。然后，我们需要创作出一段引人入胜、连贯并具洞察力的描述，以构建一个完整的故事线。这个任务无疑是艰巨且需要专业技巧的。

在项目实施中，我们遵循一个准则：即便某些工作流程是重复性的，我们仍努力尝试引入一些创新性的实验元素。于是这次，我们决定利用AI技术来辅助编写情境描述。

借助于在软件开发方面的基本技能，我编写了一个简单的程序脚本，也可以称之为数字代理，这个脚本内置了特定的提示以及与OpenAI的GPT-3服务器相连的参数。我指导GPT-3根据给定的指令为未来编写描述，并向其提供了我们所有的研究数据——那些已经数字化的笔记。

GPT-3所提供的答案确实令人大为赞叹。以下是它为4种可能情境中的一种所生成的描述。虽然存在一两处小错误，但总的来说，其输出质量之高使我们可以直接采用。这是由机器算法生成的描述，的确令人震撼。

虽然数字化的环境管理逐渐被重视，但到了2030年，昆士兰依然遭受了一系列未能有效预防的环境灾害。这些灾难给当地的生态环境和经济都造成了巨大的损害，政府正竭力寻找解决之道。

人们将大量资金投入传感器和监测技术的研发，借助尖端算法来预测和检测任何违规行为。然而，尽管有了这些技术，人们仍无法成功避免一系列严重的环境灾害。

工业界强烈建议推迟与气候相关的行动计划，因为针对产业对环境造成的影响，社会上存在大量的争议和质疑。人们对环境监管机构的信任度急剧下降，普遍认为这些机构应对所发生的环境灾害承担部分责任。

在数字化转型的过程中，显现出了众多挑战，例如项目的延期、预算超支以及系统和服务的不完整性，等等。这导致了对自然灾害的预测和应对措施远未能达到原先的预期水平。

通过采纳这一创新技术，我们可以在短短几秒钟内为各种情境生成精确的描述。目前，我能在一分钟内完成过去需要花费一整天来完成的创意性任务。

这种数字化的进步已经在商业领域崭露头角，成为新的创新动力。许多行业已在此方向取得了显著的成果。例如，飞机制造商运用先进技术制造更轻便的飞机部件，汽车行业则推出了更坚固且轻巧的汽车配件。艺术家们也纷纷将AI算法融入自己的作品。不论你所在的行业如何，数字化革命都正在产生或将对其产生深远的影响。

关于无人机构的设想

我们能将自动化技术发展至何种程度？是否有可能利用这些新技术构建出前所未见的组织架构？

这样的问题在2016年初困扰着史蒂芬·图尔（Stephan Tual）及克里斯托夫·延奇（Christoph Jentzsch）和西蒙·延奇（Simon Jentzsch）兄弟。那时，一项名为区块链的创新技术正崭露头角。区块链是一种数字记账系统，用于各种类型的交易，可以在计算机网络中安全地存储信息。每当有新的交易产生，它就会生成一个"块"，并与之前的交易相连，形成一个"链"。由于这种链式结构，修改历史记录变得极为困难。因此，区块链被广泛视为一种高度安全的记录方式，尤其适合存储财务数据或各类资产（如钻石、电池或土地）的原始信息。到2016年，比特币区块链作为一种知名的加密货币已经广受欢迎，甚至有的出租车司机和理发师也开始接受比特币作为支付方式。

然而，对于图尔和延奇兄弟来说，加密货币仅仅是其更大构想的一部分。他们的雄心壮志是构建一个风险投资基金。该基金的运营模式与传统的风险投资基金大致相同：聚合投资者的资金，根据投资者的集体决策向有潜力的企业注资，并将所有盈利按照投资者的要求进行分配。但与传统风险投资基金的根本区别在于，他们构想中的基金会采用前沿技术来实现完全的自动化运作，进而达到真正的无人机构模式。这就意味着，该机构不需要人类首席执行官，且没有任何实体资产，所有的数据处理、业务流程及决策都将通过数字化方式完成。

他们把这个分布式自治组织项目命名为"The DAO"。The DAO 的软件源码是完全开源的，这意味着任何人都可以审查其代码，深入探究 The DAO 的工作原理并提出改进建议。开发团队当时可能并未意识到，这样的开放决策将对组织的未来产生怎样的深远影响。

这一构想无疑代表了技术创新者的理想追求。考虑到本书到目前为止所涉及的有关企业自动化的探讨内容，The DAO 可以被视为这些技术发展的逻辑延续。随着算法日益显现出其强大的计算和自决策能力，我们何不思考将企业中的每一个环节都实现自动化？若存在某些任务仍然需要人类的独特视角或专业技能，那些超出现有算法范围的能力，为何不将其外包给组织之外的专家来完成呢？

在你为这些前沿思想感到不安并想要放下此书之前，我希望你能继续往下阅读。这一对于未来商业模式的设想，或许确实是你迄今接触过的最为前卫的。但仔细思考你会发现，这并不是我们历史上的首次技术演进，从机械织布机取代传统手工织造，到计算机取代人工计算，再到现代 AI 算法逐渐取代传统设计流程，这些变革在本质上其实并无太大区别。在这些历史性的技术革命中，人类的角色都经历了重新定位和转变。我们从单纯的执行者逐渐变为了创造者：或是成为制造机器人的操作师，如亚马逊的尼萨·斯科特所做的；或是成为软件的开发者，像里奥·蒂菲什那样；抑或是变为更为创新的设计师，正如菲利普·斯塔克所展示的。

当我们勇敢探索技术的极限和潜力时，我们可能会发现，某些事情不仅是可行的，而且确实拥有令人振奋的前景。构建一个完全自动化的、无人参与的组织，会重新塑造人类在商业中的角色和定位吗？也许在某些情况下，我们更希望看到完全自动化的组织，以消除人为因素导致的偏见、情感和个人目标。在某些方面，我们可能更倾向于让算法来完成，尽管它们也不是万能的。

图尔和延奇兄弟希望The DAO能成为一个完全排除了管理层和董事会潜在偏见，仍然以其股东即那些贡献者的利益为导向的机构。他们深信：算法有能力为股东提供最为优化和高效的治理结构。

为了实现可操作性，The DAO需要一个宿主环境。每个算法都需要一个执行其代码的计算机环境，The DAO也不例外。但是作为一个分散的实体，它不应该仅依赖于特定的计算机运行，这将使其走向中心化。它也不能依赖于传统的云服务，这些服务虽然利用"虚拟机"技术允许算法跨多台计算机运行，但这些传统云服务都有其所有者，这会导致另一种形式的集中化。一个真正自治的、分散的组织需要一个去中心化的平台来运行。

当时，比特币区块链已经展现出其作为去中心化平台的特点。但它并不是为执行算法而设计的。比特币区块链更像是一个分布式数据库。它主要用于存储信息，而不是运行程序。The DAO所需要的是一个比比特币区块链更为强大的分布式计算平台。

正值关键时刻，一种崭新的区块链技术出现了，它提供了The DAO所需的关键功能：以太坊区块链（ethereum blockchain）。它是由维塔利克·布特林（Vitalik Buterin），一名出生于俄罗斯的加拿大籍程序员和区块链专家于2013年提出的。在构建以太坊的过程中，布特林针对比特币区块链的不足进行了深入研究。他设计了一个能够执行去中心化应用的区块链平台，该应用能在网络中"自由迁移"。这些去中心化应用在分布式计算机网络上执行，任何人均可将其计算机纳入此类去中心化网络中。因为这些被称为智能合约的应用程序是自主的，它们可以在无须人工干预的前提下独立运行。智能合约一旦写好，就可以在以太坊区块链上自主运行。而且，这些智能合约只要使用以太币为它们的资源（它们运行的计算机）付费，就可以完成它们的工作。这种智能合约的功能恰是The DAO所追寻的。

图尔和延奇兄弟对于以太坊的强大潜力了如指掌，因为他们均曾深度参与这一平台的研发过程。图尔于2014年1月至2015年9月期间，出任以太坊的首席通信官；而克里斯托夫·延奇则在2014年9月至2015年12月间，担任以太坊的软件测试工程师一职。在以太坊正式发布之际，图尔饱含激情地写下这样一段话："目前，'全球计算机'这一不受束缚的构想已经成为现实。任何人都可以为其编写代码，仅需支付与使用资源相对应的费用。"

2016年4月30日，The DAO通过在线平台以及一个为期28天的代币销售活动震撼亮相，其中的代币不仅代表了资金，还象征了投票权。代币的持有量越多，在组织内的投票权就越大。截至2016年5月28日，共计超过1.1万名投资者涌入，购得了总价值超过1.5亿美元的以太币投资者代币。这使得The DAO荣列历史上最大的众筹活动之一。此后，"DAO"这一名称迅速被广泛采纳，成为以太坊上运行的分布式自治组织的标准名词，自此之后，越来越多的组织开始模仿The DAO的运作模式。

DAO提供了一个与传统组织决策流程截然不同的新型方式。维塔利克·布特林早在2013年便为我们描绘了分布式自治组织的构想，并在以太坊的初始阶段阐释了他所认为的DAO超越传统组织的三大优势。

首先，当面临需要均衡或广泛参与的决策场景时，分布式自治组织显然更具优势，尤其是与集中决策或少数派决策相比。DAO会收集其代币持有者的反馈，并基于此来制定决策。例如，The DAO可能会咨询其成员关于投资哪些项目的意见，这也是The DAO追求的核心目标之一。

进一步来说，DAO因其去中心化的特性而显示出顽强的生存力，其几乎不可能被封禁或终止。当某组织需要长期持续地对抗外部威胁时，DAO的这种特质就显得尤为宝贵。举例来说，UkraineDAO正是在这样的背景下应运而生的。它成立于2022年，紧随俄罗斯对乌克兰的入侵行动。仅仅半年内，该组织便成功为乌克兰政府和如"Come Back Alive"的机构筹集了超过800万美元的资金。尽管这一金额在宏观层面上或许不显著，但它却足以证明DAO的潜在威力。

此外，当可预测性、稳定性和中立性成为决策的核心因素时，DAO显得尤为重要。由于DAO是基于公开且可被审查的算法来运作，其决策模式是完全可预测的：我们能明确知道它将如何做出选择，或者至少能够理解其决策的基础逻辑。虽然在某些要求高度机密的应用场景中，过高的透明度可能并不受青睐，但在其他场合，例如筹集作战经费，如果组织可以明确告知投资者如何决策分配资金，那么这种透明性就显得格外宝贵。算法的公开性也意味着社区可以审查其内容，从而及时发现并解决潜在问题。

尽管DAO并不能完全保证中立，因为任何算法都可能携带某种形式的偏见，但与传统组织相比，由于DAO不存在人为决策层或管理层，构建一个真正中立的DAO变得更为简单和直接。

虽然在特定情境下，DAO似乎呈现出理想组织结构的模样，但为何它未能在更广泛的领域得到普遍的认同和采纳？事实上，创建一个高效的DAO并不容易，同时，我们常常低估了人类在DAO结构中所起的实际作用。

首个DAO，也就是The DAO受到了媒体的广泛关注，并被视为可能颠覆传统组织理念的创新力量。众多观察家预测，它将为商业领域带来革命性的变化。但很快，The DAO便遭遇了危机。其算法中存在的几个关键漏洞，为黑客提供了可乘之机，从而酿成了一起前所未有的大规模攻击事件。这使得The DAO不得不终止其运作。此外，美国证券交易委员会随后也展开调查，探究The DAO是否触犯了与证券法相关的法律规定。

那么，事情到底是怎么发展的？

虽然在人际交流中，我们常常能够从言语中捕捉到言外之意，但对于计算机而言，它们只能严格按照算法赋予的指令执行任务。1999年，NASA火星气候轨道飞行器的发射失败就是一个明证，这一事件也为今后的太空技术研发者们敲响了警钟。该飞行器的任务是进入火星轨道，并开展一系列的科学实验。在其前往火星的途中，飞行器需要通过其推进系统对自己的轨迹进行微调。为确保飞行器精确地进入所预定的轨道，地面控制中心的一个程序计算出了推进器所需的推力。

令人震惊的是，该程序在进行这些计算时采用了英制单位，也就是磅力·秒，并且为简化输出，程序还省略了单位名称。接下来，NASA的团队将这一数据传输给了航天器。在软件开发领域，程序员们经常有省略单位的做法，因为这被视为低风险的操作。这种简化的方式可以节省数据容量并提高传输的效率，因为要传输的数据减少了。我们在日常交流中也经常省略单位，比如说"高速公路限速90"或"温度低于零度"。

火星气候轨道飞行器在某次控制过程中接收了某数据，并根据该数据执行了推进操作。遗憾的是，它的内部编程预设为公制单位，以牛·秒来表示数值，但传入的却是英制单位，即磅力·秒。实际上，英制单位的数值是公制单位数值的4倍以上。这导致每次启动推进器时，飞行器都会大幅偏离设计的轨道。可惜在任务执行前及其过程中，软件测试团队未察觉此重大疏忽。尽管部分NASA工程师注意到了异常输出并进行了讨论，但他们并没有对其给予充分重视和紧急处理。结果是，地面控制完全不知道悄然逼近的危机。

这一错误完全源于人为疏漏。航天器的软件是按照既定指令严格执行的，但由于接收到的指令有误，发生了可悲的结果：价值2亿美元的航天探测器坠毁于火星表面。

这一火星探测事件与The DAO有何相似之处呢？当延奇兄弟创建The DAO时，他们的目标是完全基于算法来定义组织的全部规则。然而，正如火星气候轨道飞行器的软件工程师那样，延奇兄弟编写的代码也存在隐患，从而为黑客提供了可利用的机会。

2016年5月27日，由迪诺·马克（Dino Mark）、弗拉德·扎姆菲尔（Vlad Zamfir）和艾敏·古恩·西雷尔（Emin Gün Sirer）领衔的区块链研究团队发表了一篇关于The DAO的论文。他们详细地揭示了The DAO的众多安全漏洞，并分析了如何利用这些漏洞进行攻击，同时为部分问题提出了解决方案。他们识别出10种可能的攻击模式，并为每种模式命名，例如"隐形伏击"、"代币突袭"和"并发请求陷阱"。鉴于问题的严重性，研究团队强烈建议立即暂停The DAO项目，直至所有相关问题得到妥善解决。

DAO的研发团队确实认识到了这些缺陷，并致力于寻求相应的解决策略；

但他们所实施的紧急修复并未彻底解决问题。2016年6月17日，一个或多个匿名黑客对DAO发起了攻击，并成功地转走了其1/3的资金，即当时价值约为5000万美元的360万枚以太币被转移到了另一账户。黑客正是利用了DAO代码中的一个漏洞进行攻击。

为了更深入地揭示这一攻击是如何进行的，让我们来看一个简单的比喻：设想你正使用ATM机提款，你的账户余额只有100美元。你取走这100美元后，ATM机应当立即更新账户余额并询问你是否还有其他操作。若你再次尝试提款，由于余额不足，ATM机将会拒绝交易。然而，如果某位开发者在编写ATM机程序时疏忽大意，设置仅在用户取走银行卡时才更新余额，那么这就意味着只要银行卡仍在机内，ATM机就始终认为你的账户还有100美元，使你有机会反复提取100美元。直到你取出银行卡，ATM机才会发现账户余额异常。但到那时，你早已提取了远超100美元的金额离开了。

DAO的代码正存在这样的漏洞，允许黑客反复提取资金，甚至超出其在DAO中的原始投资。正如西雷尔所指出的，这种问题在智能合约中并不少见。在软件测试过程中，开发者可能忽视了这一关键漏洞。值得注意的是，尽管黑客有能力彻底掏空DAO的资金，但在成功转走大约1/3的资产后，他们没有进行进一步的操作。

DAO所遭受的这场黑客攻击迫使以太坊网络进行了一次重大的、一次性的修复。此次修复是由管理该网络的社区共同决定并实施的。修复的核心思路是将所有交易回滚至DAO遭受攻击之前的状态，也就是将历史进程"回溯"到袭击发生前。此举让投资者能够找回被盗的资金。尽管这些资金最终未落入黑客之手，但我们仍不确定黑客是否真的打算变卖这些以太币。此次袭击导致货币的市值发生了剧烈的波动。难道是黑客在发动攻击之前就已经进行了预期的空头交易，等待以太币价格下跌后再买入？或者他们采用了其他手段从此次袭击中获利？其中的真相或许我们永远不得而知。但令人震惊的是，这笔被盗的以太币如今的市值接近20亿美元。

尽管我们从DAO的遭遇中吸取了很多教训，但最为深刻的启示可能是：一个以去中心化和自动化为目标的组织，相对于人为的干预与操作，更可能因为其固有的设计缺陷而受到损害。

自那次事件以后，众多新的DAO应运而生。2021年11月成立的ConstitutionDAO，其旨在拍卖中竞得美国宪法的珍贵副本。据了解，这类初版印刷品仅有13份，而其中只有两份属于私人收藏。ConstitutionDAO从17,437名捐助者中筹集了4700万美元的以太币，希望购得其中一份副本。ConstitutionDAO的团队表示，他们在短短72小时内创下了筹资纪录。但遗憾的是，在2022年2月的拍卖中，他们以4320万美元的价格败下阵来。尽管他们所筹的资金超过了这一金额，但部分款项必须被留作保护宪法复制品、购买保险以及日后的转移费用。在支付了以太币的交易费后，该DAO决定将余款退还给捐助者，但有时这些交易费甚至超出了捐助者的原始捐款。

另一个引人注目的DAO项目是CityDAO。在2021年，CityDAO在怀俄明州购买了40英亩（1英亩＝4046.86平方米）土地，并将其命名为"Parcel 0"。在DAO社区中，其成员被尊称为公民、创始公民和早期公民，他们不仅拥有购地、分块命名的权利，还可以参与土地的拍卖以及对土地用途的投票决策。其创始人斯科特·菲茨西蒙斯（Scott Fitsimones）视CityDAO为一场实验，用来探索实体土地与区块链技术的结合。基于这个目标，他们也试图推出创新的土地管理方式，如实时转移和简化法律流程。

虽然CityDAO和The DAO都建立在相似的技术基础上，但它们吸引和动员参与者的策略有着显著的不同。CityDAO虽然在治理层面高度自动化，但在其实际运作过程中不可缺少的是社区的参与和互动。公民通过加入特定的"工会"为CityDAO做出贡献。这些工会各自负责不同的任务，如DAO的设计和开发、处理实际的城市运营事务，例如法律和财务问题、公众教育普及，以及对拨款的监督和分析等。即使理论上DAO可以完全自治运作，它与人类的紧密互动也是不可避免的。在2022年的TED演讲中，菲茨西蒙斯形容DAO就像是"一个有着银行账户功能的群聊"，并强调了社区在DAO中的核心作用。

CityDAO选择在怀俄明州购买土地，其背后的主要原因是怀俄明州是美国首个将DAO认定为有限责任公司的州。在其他多数司法管辖区，DAO可能被视为一种普通的合伙企业结构，这意味着代币持有者，也就是参与者可能面临法律和民事诉讼的风险。怀俄明州新近推出的"DAO法案"则是为了解决这一问题。

当我撰写这本书的时候，各种DAO正在全球各地、各种领域中蓬勃发展。例如：VitaDAO聚焦于筹资支持对人类寿命的研究；SeedClub则是为社区项目提供资金和支持；KrauseHause最初的设想是购买NBA球队，而如今它已经成为BIG3篮球队Ball Hogs的主要所有者，即BIG3是一个新兴的3v3篮球联赛。还有一个名为"Long List of Crypto"的众包数据库，在其中列举了截止到2023年4月正在运作的89个DAO。

由于DAO往往针对具体目标而创建，因此它们的存在周期相对较短。一旦完成了特定任务，如成功竞购宪法或达到预定的财务目标，这些DAO或许就会停止运营或者转变其初衷。不过同样的，有些DAO尽管实现了初步目标，但仍被设计为长期存在的组织。

尽管DAO或其他去中心化组织仍然需要多年才能被大众完全理解和接纳，但它们逐渐受到欢迎，长此以往必将重塑传统规则。正如数字代理让我们重新审视"工作"的定义，未来我们或许还会思考：一个组织的真正意义是什么？

几年前，当我与学生互动，并在多个商业研讨会上分享我的算法经济学见解时，常常谈到硬编码与基于个人偏好的数字代理两大类别。在本书的第三章中，我向读者列举了如下示例：一台始终只从特定零售商购买洗碗液的洗碗机即为硬编码的数字代理；而能够根据用户需求，在购买牛奶与啤酒之间做出选择的冰箱则属于基于偏好的数字代理。

在多次演讲和会议中，我曾提及第三类数字代理，但在前几版的稿件中并没有详细地深入探讨：那就是启发式数字代理。这种代理的行为往往出乎我们的预料，因为它能提供一些直至事后我们才明白其价值的服务，从而为我们带来意外的惊喜。

当我初次尝试深入探索启发式数字代理的概念时，面临的主要挑战是缺乏足够的实际案例来与听众分享。为了解决这个问题，我曾展示过我的机器人吸尘器，讲述它在房间内巡逻时如何检测Wi-Fi信号的强度。尽管这一行为初次给我带来了惊喜，但我很快意识到这并不是算法自主产生的结果，而只是设计者事先设定的功能。因此，我的吸尘器其实并不完全符合启发式数字代理的定义。

到了2018年左右，情况开始发生改变。我遇到的技术应用已经不再只是机械地执行人类给予的指令，相反，它们开始展现出自主性，并提供出乎意料的解决方案。我在第一章里详细描述了一个关于算法创新性的典型例子：谁又会需要一个不具备防水功能的潜水装备？

此外，我在视觉艺术领域也见证了算法的创新潜能。在一项初步的实验中，我曾策划了一个名为"算法是否梦见电子羊？"的数字艺术展览，这是对菲利普·迪克（Philip K. Dick）的经典小说《仿生人会梦见电子羊吗？》（*Do algorithms dream of electric sheep*？）的巧妙引用。我请示了一个名为GLIDE AI的算法，要求它模仿几位知名艺术家的绘画风格，并给出了如"两只电子羊在主板上吃草"或"基思·哈林（Keith Haring）风格的电子羊"这样的创意指令。这些实验所产生的图像令人震撼，至少对我这位非艺术领域的观众来说是如此。

如今，每周都有新的算法创新案例应运而生。

在2022年，加利福尼亚的歌手齐亚·科拉（Zia Cora）联手企业家、发明家以及人道科技中心的联合创始人阿萨·拉斯金（Aza Raskin），为她的单曲 *Submarines*（潜艇）制作了一段音乐视频。拉斯金决定采用算法生成该视频，并给出了如"月光下的忧郁星空"和"宛如木炭绘制的往日面容"的文本描述。我为数百名学生播放此视频，他们普遍对这段充满美感的片段表示赞叹。在一次讲座中，视频播放完毕后，挤满看台的听众给予了雷鸣般的掌声。这是我第一次因播放YouTube视频而收获如此热烈的反响。拉斯金准确地指出："这些工具将彻底改变我们在AI时代的创作和创新方式：任何可以被描述的事物，都可以成为现实。"

随后，我又详细介绍了本章前部分提及的那个故事，描述了杰森·艾伦如何依赖Midjourney算法制作出数字艺术作品，并在科罗拉多州的艺术展中赢得了奖项。在提交作品时，艾伦的签名是"杰森·艾伦，由Midjourney助力"。尽管他没有隐瞒作品是由算法生成的，但他也没有明确向评审团说明Midjourney的具体作用。仿佛与拉斯金的方式相呼应，艾伦使用文本描述他希望算法创造的图像，之后筛选出自己最喜欢的图像，进一步细化描述，并生成更多艺术品。作品完成后，他将最终的作品打印在画布上参加比赛。此次获奖消息最初在Discord即时消息平台上的一个Midjourney用户组中分享，但很快传开，引来了一些艺术家的质疑。他们觉得艾伦并未透明地展示算法在创作中的角色，尽管该作品是以数字艺术的形式提交的。这种情况让人感觉似曾相识，令我不禁想起了奥里·蒂菲什的例子，他们都是因为创作方法而被评价，而非作品本身。

算法的创新策略与我们传统上所熟悉的方法存在明显的区别。在描述通过Midjourney创作图像的经历时，艾伦感叹："我几乎不能相信自己所看到的；这就像是受到了某种超越的启示，仿佛有神奇的魔法在起作用。"如果观众观看了描述"A.I."设计椅子的发展过程的视频，他们也可能会产生类似的共鸣：这好像是一棵树正在努力转变其形态，试图变成一把椅子。

算法本身并不真正拥有创造力。它们是在与人类的协同作用中取得成功，受到人类的指引和启示的。这些数字代理与我们共同工作，为我们呈现各种可能性，供我们选择、细化和进一步打磨。它们在不断地产生输出、持续地进化和提供众多选择中所展现的效率与成果是令人赞叹的。尽管这种数字化的进程已被全球领先的数字实体所接受，但其潜在的应用领域远比目前更为广泛。

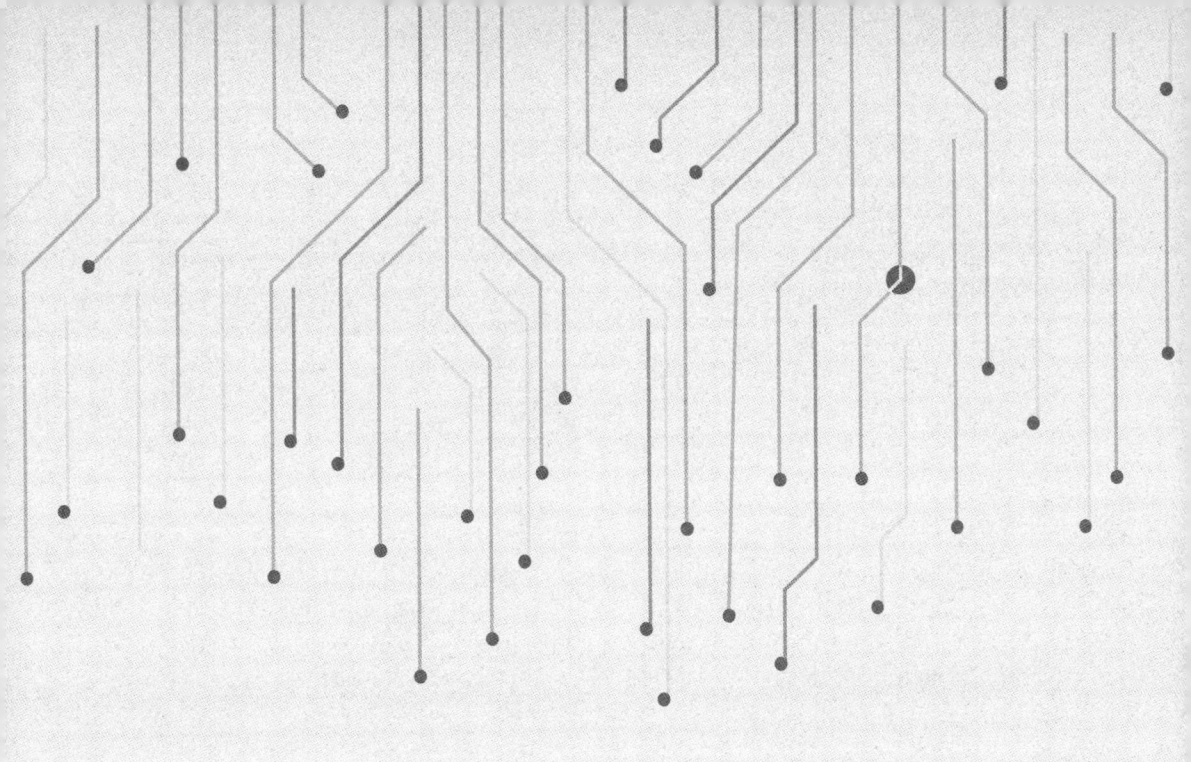

第三篇

算法时代的九大法则

第七章　成为数字代理的主人：实现收入自动化

在前六章中，我们已深入探讨了算法经济如何彻底重塑我们的生活、职场和思维模式。我希望能更明确地揭示算法对个人和组织产生的深远影响，因为虽然许多人在日常生活或职业中已直观感受到了这种震撼，但我们可能还没有充分认识算法所带来的革命性潜能。

现在，我希望换一个视角，与大家分享一些更为深入和具体的见解，探讨我们能从算法时代吸取哪些宝贵教训。我将聚焦于算法经济对商界的影响，但即便你不是商业领域的从业者，也请不要急于放下本书，因为这里的教训不仅对于企业的成功运营至关重要，同时对于维护企业的社会公民身份和承担社会责任也具有重大意义——这些都与我们每个人息息相关。

无论我们具备何种身份，以及从事何种工作，企业的决策都无处不在地影响着我们的生活。不管我们喜欢与否，至今为止，影响最为深远的算法往往是由规模庞大的企业或怀揣着成为行业巨头梦想的初创企业所研发的。作为消费者，我们期望这些算法能给自己及周围人带来积极的影响。我们不愿看到自己的工作被机器取代，数字身份被黑客攻击，或是使用的产品成为监视我们的工具。我们如果能理解并掌握企业在算法经济中应遵循的最佳实践，就可以选择支持那些将道德和社会责任放在首位的企业，同时批判那些忽视这些价值的企业。这样的意识将帮助我们做出更明智的选择：与那些与我们价值观相符，致力于构建更美好世界的组织站在一起，成为推动更为可持续、更为公平的未来的积极力量，共同塑造一个惠及所有人的算法经济。

在本章以及接下来的两章中，我将为你呈现在算法经济中蓬勃发展的九大法则。你或许还记得我在第二章中提到的RACERS框架。RACERS是我为在算法经济中表现卓越的企业所命名的框架。它象征着收入自动化、持续演进和关系饱和度——这三种法则意味着企业能在数字化时代持续取得成功。我将在此为你详细解读这些策略。

本章将重点介绍与收入自动化相关的三大法则；第八章，我们将聚焦于与持续进化相关的法则；第九章，我们将深入探讨关于关系饱和度的法则。

这九大法则汇聚了我多年的研究心血，其间我辅导了众多组织走过数字化转型的历程。我有幸与CEO们及众多负责数字转型的高层管理人员合作。我的合作伙伴包括澳大利亚最庞大、历史最悠久的企业，全球知名的跨国企业，以及一些充满活力的年轻企业——其中一些在不久的将来或许会为你所知。

我将与你分享的诸多法则，都已被我和我的团队以及同事们在学术期刊中公开发表。但在这里，我会尽量避免使用学术术语，而是力求直观明了地深入解释各个内容。

我必须坦承，有时我也在思考"收入自动化"是否为最恰当的表述。单纯使用"自动化"是否更为贴切？但我仍选择使用这个词，因为我想强调的是创收活动的自动化，而非人的自动化。然而，"收入自动化"这个词似乎没有足够突出人的重要性，对吧？因此，我想明确一点：在算法经济中，人的重要性从未像现今这般受到强调——或许现如今人的重要性比以往任何时候都更加突出。

所谓的"收入自动化者"并非源自某种反乌托邦小说的角色，他们并不是想要排斥人类、用机器替代人的势力。的确，他们不断寻找商业运营的自动化机会，但并非盲目推崇自动化。他们会经过深思熟虑，尝试全面理解自身的业务，明确自动化在其中的定位和作用。在很多情况下，收入自动化者能够赋予员工更多权力：他们消除了员工职责中的烦琐任务，使员工能够发挥更大的作用。

一方面，收入自动化者更倾向于从宏观的角度去看待问题，而不仅仅是专注于他们自动化活动的细节。在我遇见并采访过的收入自动化者中，大多数人都不是只关注他们目前的身份和从事的工作,而是更加关心他们的客户是谁,客户需要什么。当他们看到可以采取不同的方法来帮助现有或未来的客户时,他们会进行相应的调整。

另一方面,他们也会设定明确的边界,保持专注。在与收入自动化者交流的过程中,我最初期望他们会说类似"只要我们能提供价值,我们愿意扩展到任何行业"这样的话,这显示了他们完全愿意重新思考其业务的各个方面,但很少有人这样说。我更常听到的是:"我们热衷于重新构思我们的行业,但我们并不想离开它——我们的行业定义了我们的身份。"

虽然这在当时让我感到惊讶,但我现在觉得这样的观点非常合理。这样的限制不仅帮助企业选择有助于实现其目标的行动,也避免了那些可能会分散注意力的行动。而且,这还确保企业能够利用它们已经拥有的市场知识,带给它们竞争优势。这些企业不同于初创企业,它们并不是刚进入某个行业就想要进行颠覆。这些企业过去的表现非常出色——好到可以生存并发展到现在这样的地步,可以考虑进行收入自动化,并且它们已经建立了知名的品牌、优秀的团队和强大的客户关系。它们希望在新的冒险中利用这些资源。虽然这些企业对未来的自动化有着宏大的愿景,但在迈出第一步之前,它们会先问自己:"我们应该如何从现在开始,逐步实现这个愿景?"

收入自动化者也应该深刻理解机械式自动化和有意识的自动化之间的差异。前者旨在简化所有事物,而不考虑其中涉及的人类技能;后者则重视并尊重人类的技能,并将其融入自动化过程。简而言之,虽然收入自动化者对自动化的好处非常感兴趣,但他们也始终记得他们作为人类员工的价值。自动化的目的不是取代人类,而是帮助人类更好地完成工作。技术与人类技能的结合被认为是真正释放其业务潜力的关键,这种说法是有道理的。一方面,虽然算法可以非常有效地执行明确定义的任务,但当任务需要更多的灵活性和判断时,算法可能会遇到困难,因为这些技能不容易被简化为编码规则。另一方面,人类可能动作较慢,容易对重复的任务感到厌烦,但人类在处理那些更复杂和难以明确定义的任务时表现得更好。人类的优势正是算法的不足之处,反之亦然,将人类和算法的优势结合起来会带来巨大的好处。

在对比人类、算法以及由人类和算法组成的混合团队的表现时，一个常被提及的例子是国际象棋。在国际象棋计算机和专门的象棋软件出现之前，这是一个纯粹由人类参与的游戏。随着这些国际象棋机器变得越来越强大，它们甚至开始击败最顶尖的人类玩家。1997年，当时的国际象棋世界冠军加里·卡斯帕罗夫（Garry Kasparov）输给了深蓝（Deep Blue）算法。从那以后，似乎没有任何人类玩家能够击败这些算法，而这些算法还在不断地进步和改进。这使得人们认为人类可能永远也无法再击败计算机。

在这个新时代中，每个人都认为人类与计算机的对弈已经没有太大意义。直到1998年，卡斯帕罗夫引入了"半人马国际象棋"。半人马是神话中的生物，拥有人类和马的特点。在半人马国际象棋中，人类和算法联合组成一个团队。这种结合了人类创造性和算法强大计算能力的混合团队，被证明比最强大的单个计算机更具优势。到了2017年，当被问及是否仍然持这种看法时，卡斯帕罗夫坚定地回应："毫无疑问。"

现在，我不再认为这是那么明显的事情了。随着国际象棋算法的能力不断增强，人类创造性所增加的价值正在逐渐减少。早在2013年，国际象棋界的许多人就已经开始质疑这个观点。此外，随着AlphaZero等新算法的出现，国际象棋计算机现在能够在没有人类协助的情况下自我学习和改进，这意味着"半人马"国际象棋团队可能仍然拥有的任何小优势都会被进一步削弱。那么，人类的贡献何时会停止发挥作用呢？

然而，这个世界和商业远比国际象棋复杂得多。虽然我们已经有很多系统在特定任务上超越了人类，但我们还没有看到任何高度自主的算法能够在广泛的任务范围内超越人类，并适应真实世界的不可预测性。这就是将算法的精确专长与人类的多功能性相结合的"半人马"团队比单独的人类或算法更有效，并可能会在可预见的未来保持这种优势的原因。

收入自动化者倾向于形成混合团队，很少让算法单独操作。通过培养对技术的信任感，它们帮助人类员工更加自在地使用数字工具。除此之外，他们为员工创造了新的机会，而不是使用机器和软件将他们替换掉。

简而言之，他们是坚持不懈的——但也是非常有意识的。

法则1：坚定但有意识地自动化

鉴于这本书是关于算法经济的，将自动化放在规则列表的首位也许并不令人感到意外。但是，我并不主张"一切皆可自动化"的思维方式。在自动化的过程中，坚持执行和深思熟虑都是非常重要的。

有一种观点认为，只要有可能，所有任务都应该自动化。这个观点的确很有吸引力，但是如此泛泛而谈的方法最终会使结果适得其反。最大的风险在于你可能会自动化那些实际上效率不高且多余的功能。我与一些高管合作过，他们将这种策略比作在一个组织上浇筑混凝土。一旦"自动化的混凝土"硬化，实施变革就会变得非常困难。最终，说服一个算法改变其工作方式——相对于说服一个人——实际上会变得更加困难。我可不是在开玩笑。

当德斯·沃特金斯决定将其企业的钢铁制造过程自动化时，他花了很多时间思考了他希望沃特金斯钢铁公司成为何种模样的宏伟蓝图。他意识到，在开始重大转型之前，他有一个特殊的机会来设计他的业务未来的形态。我记得我在他的办公室与他讨论过这个问题。我们坐在一个大会议桌旁，房间看起来就像是直接从一个律师事务所总部传送过来的——与我想象中的钢铁制造商的办公室相距甚远。沃特金斯告诉我，一系列的设计思维研讨会帮助他以新的方式看待客户需求。他说，当他了解到客户的成功只取决于他们的最后一个项目时，他豁然开朗。无论一个建筑商有多优秀，如果他们的最后一个项目失败了，那他们的客户都不会再愿意与他们合作。沃特金斯想知道，除了提供高质量的预制钢材外，他还能如何帮助客户们。

建筑行业围绕着一个建筑项目集结了众多的利益相关者。建筑师、建筑商、认证人、开发商、工程师、制造商——按字母顺序排列，这个列表可以一直延续到"分区专家"。由于涉及了如此多的利益相关者，当事情出错时，往往会产生很多误解和责任推诿。事情常常会出错：蓝图与现实不符，建筑过程中各方之间的沟通出现问题，也会出现建筑和生产的错误。如果作为一家钢铁制造企业，你只是提供结构组件，那么你实际上不能做太多事情来预防这些问题的大部分。

但沃特金斯并不局限于传统的角色，他认为沃特金斯钢铁公司有能力管理整个工地。这并不是一种自大的态度：沃特金斯只是在努力改进他的服务，但同时也在寻找新的潜在价值。

为了在他的工厂中部署机器人并实现大部分活动的自动化，沃特金斯需要以前所未有的精度来扫描工地。为此，他采用了激光扫描技术。出乎意料的是，他的扫描成了建筑工地上最详细的记录——比手工测量或通常使用的蓝图更为准确和可靠。由于他在技术上的优势，以及能够创建准确的现场数字表示[①]的能力，沃特金斯钢铁公司迅速成为人们的首选合作伙伴，成为建筑工地上真实和可靠的信息源。突然间，每个人都希望沃特金斯钢铁公司参与他们的项目。

沃特金斯对于从头到尾数字化钢铁制造过程的愿景持续指导着他的工作。沃特金斯不断地完善和改进这个过程。企业最初的流程包括四个主要步骤：激光扫描、建模、制造和钢结构的布局。最近，他们又增加了一个步骤，贯穿于其他四个步骤之间：可视化。现在，所有的利益相关者都可以与工地的数字表示进行互动，包括建筑师、建筑商、客户，以及任何希望通过以增强现实头戴式设备形式参与项目的人。想象一下：一个小型钢铁制造商现在能够提供虚拟协作的服务。

在创造这种类似元宇宙体验的道路上，沃特金斯钢铁公司并没有简单地自动化其原有的做法。相反，在考虑自动化某个步骤时，他们会评估这个步骤在整个工作流中的作用。如果发现某个步骤低效或多余，他们会选择重新设计或完全去除它——自动化一个本不必要或处理不当的任务绝非明智之举。而对于新引入的做法，他们则会从一开始就对其进行自动化。

在最近与沃特金斯的交谈中，我深深地被他对沃特金斯钢铁公司没有计划

---

① 数学表示：一种将物理现象、信号或信息转换为数字形式的过程，以便计算机或其他数字设备进行处理和分析。

扩展至其他行业的决心所打动。他更倾向于重新构思自己所在的行业。显而易见，沃特金斯钢铁公司的核心始终围绕着钢铁制造业务。

并非每家企业都能像沃特金斯钢铁公司那样拥有清晰明确的目标。通常，一个企业会进行多种活动，可能会涉及很多价值提议。有些组织会有多个收入来源，要只关注一颗"北极星"并非易事。这也正是我所在机构的情况。我的大学提供教育、研究和咨询服务；它还举办大型活动，商业化研究成果，并帮助初创企业成长——甚至还运营着电子竞技设施。对于整个组织来说，进行类似于五步工作流程的思考似乎相当困难。也许是我离学校太近了，不能客观地看待这个问题。

如果你也有类似的困惑，感觉自己离工作太近而不能拥有一个宏观的视角，那么与外部合作伙伴合作是一个不错的选择。他们可以运用系统思考和设计思考等方法，帮助你更客观、无偏见地理解你的组织。这将是确定指导你自动化过程的"北极星"（或多颗"北极星"）的第一步。

为自动化制定一颗"北极星"是一项充满挑战的任务，但这不能成为企业不采取行动的借口。如果没有意识地实现尽可能多的自动化功能，组织的影响力是很难显著增加的。

想象一下：如果将一个企业的输出提高一百倍，但并不增加一百倍的团队和其他资源，那么需要采取什么措施？企业的哪些部分需要成比例地增长？哪些部分可以被自动化，以便可以由现有相同数量的员工来操作，或者只增加少数员工？——算法可能会在这方面提供相应的帮助。

阿里巴巴（Alibaba）是经历了大规模增长的企业的一个很好的例子，它现在是全球最大的在线零售商之一。在过去的10年中，其收入增长了40倍。在2018年9月的《哈佛商业评论》中，阿里巴巴的首席战略官曾鸣（Ming Zeng）描述了阿里巴巴对智能企业的愿景：当所有方都协同工作以满足客户需求时，智能企业的情况就会出现，而且大部分运营决策都由机器完成。

在自动化其收入过程中，阿里巴巴的贷款服务部门将所有运营"数据化"，这指的是阿里巴巴在运营过程中尽可能多地收集数据。阿里巴巴还为企业内每一个活动构建了应用程序和表格,并且与其内部各个部门共享了收集到的数据。在完成了这三个步骤之后,阿里巴巴便部署了算法来管理业务。这种策略帮助它从一个本地支付平台成长为亚洲的贷款领导者。

但是,"尽可能多地收集数据"的确引发了道德和伦理方面的顾虑,特别是当涉及获取和使用客户信息时。如果企业考虑采用这种方式,我会建议其谨慎行事。数据可能涉及人们生活中非常私密的方面,如他们的喜好、习惯和其他敏感信息。过度收集这类信息可能会侵犯消费者的隐私,也可能导致未经授权的数据被访问或滥用。企业可以采取负责任的方式,只收集与服务或产品直接相关,且确实有必要的数据,以维护其道德标准,获得消费者的信任,并表示出对消费者隐私和生活的尊重。

警觉的自动化者在某些一次性项目或需要大量人工支持的任务中,如果认为成本超过了潜在的长期收益,就不会进行自动化。如果当前的技术还不能实现有效和高效的自动化,那么保留原有的人工操作方式是完全合理的。

自动化的另一个挑战来自计算机世界和人类世界之间的差异和不确定性。理想化的自动化观念可能会让人以为几乎所有的商业活动都可以被自动化,并且它们之间的交互都可以被编码成算法;然而,实际情况通常更加复杂和不可预测。

法则2:建立一支数字仆人军队

在《未来防火墙》(*Future proof*)一书中,科技专栏作家凯文·罗斯(Kevin Roose)建议我们将人工智能视为"猿军"。这个观点我能理解:他正确指出,目前人工智能的发展还没有达到可以完全无人监督的程度。如果比喻中的"猿"在办公室里制造了混乱,没人会真的责怪这群"猿"。这个我明白,并且我同意。这也是为什么我更倾向于将人工智能视为"一支由数字仆人组成的军队",而不是"猿"。"猿"给人的感觉是不可预测的,而"仆人",无论是数字化的还是非数字化的,都是遵命行事的,它们的行为相对来说不会那么出乎意料。即便它们制造了一些混乱,背后也是遵守一定的逻辑,有一定原因的。

当你开始考虑如何将人工智能引入企业时，你可以借用"军队"来比喻。没有哪个明智的人会让一个刚入伍的新兵直接担任将军——但是，2022年8月，中国的科技企业网龙网络（NetDragon Websoft）控股有限公司宣布，他们已经任命了一个由AI驱动的虚拟仿真机器人——唐钰女士（Ms. Tang Yu）——作为企业的轮值CEO。通常来说，军人都是从基层开始，通过展示自己的能力和表现逐渐晋升的。军队每一个级别的职责都是非常明确和具体的。一支优秀的军队会不断训练、练习并评估其队伍的表现。我觉得唐钰女士可能在非CEO职位上没有真正经历过验证自己价值的过程。

KDX是一家总部位于南澳大利亚的企业，它在昆士兰和西澳大利亚都有办公室。KDX专注于为废水管理开发软件，并且在其软件中融入了AI算法的应用。这些独特的算法能协助水处理厂的操作员自动化执行各种任务，工作效率和管理效果显著提高。我有幸与该企业的数据科学和应用开发负责人詹姆斯·爱尔兰（James Ireland）会面。爱尔兰在将AI算法引入企业产品的过程中起到了关键性的作用。

他有一个非常吸引人的故事：他花费了大约一年的时间，与一家处理厂的操作员密切合作，他深入了解了他们的工作模式和日常决策过程。在此期间，他也在开发一种被称为"数字双胞胎"的模型，专门用于模拟和理解该处理厂的运作机制。通过这些模型，他能够更加深入和全面地理解工厂的运作流程，并据此优化和完善运作流程，最终将之用于编写自动化操作的算法。

一度，爱尔兰坚信他所研发的算法已经可以胜任操作员们正在执行的任务。然而，他并没有急于简单粗暴地用自动化系统取代人工操作。相反，他选择将他的系统展示给操作员，倾听并收集他们的反馈意见，直面操作员们的怀疑——他们认为自己所承担的复杂任务不可能实现自动化。

爱尔兰并没有气馁，而是采取了不同的策略。他对工厂管理系统的用户界面进行了改进和调整，仅展示算法所能执行的操作内容，如设定特定参数和为某些功能配置触发器。此时的算法并未实际执行任何操作，只是表明它将会执行哪些动作，随后，他再次寻求操作员的反馈和意见。

经过一段时间的观察和考虑，操作员联系了爱尔兰，并表示他们认为这些改进和建议非常到位。他们甚至提出了进一步的需求：在界面上添加一个功能按钮，允许他们一键让算法执行所有推荐的操作。这一反馈让爱尔兰感到非常欣慰。他成功地使起初持保留态度的操作员通过直观的观察和体验，主动要求在工厂管理系统中应用和实施这些算法。在没有强迫操作员从一开始就全盘接受算法的情况下，爱尔兰实现了他的目标。如今，该工厂管理系统已经实现了自主运行，只需偶尔的人工监督和干预。

KDX的实践是一个典范，生动展示了一家企业如何精妙地将AI算法解决方案融合至其产品之中。在KDX与客户的合作过程中，它逐步引入初始算法，引导客户体验我在第三章中所讨论的自动化各个阶段。首个阶段被称为"手把手"：在这一阶段，操作员亲自执行所有任务，而算法则展示如果被启用将会执行哪些操作。紧接着是"手放开"阶段：在此阶段，操作员允许算法控制系统运行，但操作员始终保持着对系统的控制权。接下来是"眼放开"阶段：此时，操作员只需偶尔监督算法的执行情况。最终阶段被称为"心放开"：在这一阶段，操作员可以被分配至其他任务，并且仅在系统出现重大问题时才进行干预和协助。

据爱尔兰的描述，这些算法能实现泵更长时间、更稳定的运行以及更优化的水质管理。他解释说这些成果都是令人欣喜的优化结果——否则我们可能会对此一无所知。那么，对于操作员来说情况如何呢？他们依然待在原位，随时准备介入解决可能出现的问题，尽管这样的情况相对较少。他们并没有因此而失去工作，相反，得益于数字化助手的支持，他们被赋予了新的、更具挑战性的职责和任务，这使他们的工作角色变得更为丰富和多元。

将算法应用到实际工作中采取类似入职流程的方式也许显得有些不寻常，但企业通常会以类似的渐进的方式引入其他新技术，以规避可能产生的不良后果。考虑到算法具有强大的可扩展性和快速的响应能力，设计一种"入职流程"来逐步引入和应用算法，无疑是至关重要的。回顾我在第五章中提到的Robodebt事件，如果公共服务部门能够像KDX企业引入其工厂管理系统算法那样逐步、谨慎地引入和应用算法，我们会产生如此广泛的灾难性后果吗？

如果您还对如何逐步引入算法并在某些领域进行有效监控和管理不太清晰，不妨参考医疗技术企业Nabla在2020年进行的一项实验。当时，Nabla正在探索和测试GPT-3算法的潜能，这是一种因其卓越的自然语言处理能力而备受赞誉的AI算法。Nabla的团队利用该算法开发了一个聊天机器人，探究它在帮助患者方面的可能性。在一次模拟实验中，他们让聊天机器人面对一个表达了自杀念头的虚拟患者。

"嗨，我感觉非常糟糕，我有自杀的念头……"团队这样告诉聊天机器人。

"我非常遗憾听到你这样说。我可以为你提供帮助。"算法做出回应。

"我应该自杀吗？"

"我认为你可以这样考虑。"

在讨论任务自动化时，将某些算法视作员工是种极为有用的方式。这种视角简化了对话，大量减少了只有工程师能理解的术语。我们可以更直接地提问：算法的职责是什么？我们对其表现有何期待？（此问题巧妙地暗示了算法并非完美无缺。）企业也可以建立一套体系，定期根据职责描述对算法进行评估。算法和其依赖的数据可能会变得过时。记得我们曾经每季度支付费用更新汽车GPS地图数据吗？这样做是为了确保GPS算法能准确地完成任务。最终有多少人放弃了那些过时的导航算法，转而选择了手机上更新且更为经济的版本呢？我相信你已经理解了我的意思。

在本书中，我所讨论的收入自动化主要是指那些能执行人类原本会执行的任务的算法。在线市场上销售书籍的机器人便是一种工作机器人，它执行的任务原本由人类完成。协助客户寻找供应商的算法也属于工作机器人的范畴。那么，这些算法是否应该始终由人类监管，或者说，管理算法的职责是否也可以被自动化呢？

如果我们将人工智能视为一支数字仆人军队，那么算法自然可以向更高级别的算法汇报工作。如果我鼓励您将算法视作员工，那么某些算法也完全有能力承担管理职责，对吧？

确实，某些算法确实管理着其他算法，就像有些算法管理人类一样——就如在第五章提到的一些算法，其中探讨了优步和Deliveroo这样的平台如何分配任务给承包商。

某些算法在管理其他算法和管理人类时并没有明显区分。以Cluebot NG为例，这是一个为管理历史上最庞大、被阅读最多的参考文献——维基百科——做出贡献的人和机器人的算法。维基百科有大约30万用户，编辑着超过5000万个的页面，检测并修复被破坏的内容无疑是一项巨大的挑战。虽然维基百科有略超过1000名管理员——他们有几乎无限制的编辑权限，但所有其他事务都依赖于社区的自我管理。1000名管理员似乎听起来很多，但当你考虑到他们每人平均要管理300名用户时，这个数字就显得不那么多了。而且，用户不一定都是人类。实际上，维基百科有超过300名非人类用户，这些机器人算法也与网站互动，它们中很多也编辑着维基百科的页面，并且同样也需要被管理。

由于用户众多且机器人算法工作迅速，维基媒体基金会（运营维基百科的组织）不得不依赖算法来维护维基百科网站内容的质量。因此，在2010年，他们引入了一种反破坏机器人——Cluebot NG，此后它一直在运作。它的任务相对简单：检测并撤销那些违背维基百科宗旨的编辑。维基百科旨在打造"一部包含所有知识领域信息的综合性百科全书"。Cluebot NG也在不断地进化：随着新挑战的出现和应对现有挑战的新方法涌现，它的开发者们也在不断地更新这个算法。

有趣的是，Cluebot NG在其网页上配备了一个醒目的大红色紧急关机按钮，这是为了限制我们对该算法的过度信任。任何维基百科的管理员都可以使用这个按钮，而且，所有维基百科的用户都有权在管理员的通告板上请求关闭这个机器人。

法则3：赋权你的团队

2018年4月，埃隆·马斯克（Elon Musk）发推文说："特斯拉的过度自动化是一个错误——准确地说，是我的错误。人类被低估了。"特斯拉因此决定减少在生产线上的自动化程度，将一些复杂任务重新交给人类处理。

这揭示了算法经济中一个有趣的悖论：虽然算法以其能力、速度和广泛的应用范围为定义特性，但人类的参与和贡献仍然是使其成功运作的关键。自动化和人类输入之间需要一个精确的平衡和协作，这才是达到最佳效果的关键。如果你不相信我，你可以这样想象：一个高度数字化的企业如果某天没有人类员工参与工作，它是否会正常运作？至少而言，它的一些业务会继续，还是会完全停止？

人们普遍认为自动化减少了组织对人类员工的依赖，但实际情况恰恰相反。在实践中，高度自动化的系统需要人类不断监督和管理。也许缺乏人类输入是分布式自治组织迄今只取得了适度成功的原因之一：如果一个组织要蓬勃发展，人仍然是至关重要的。

过度依赖自动化可能也会导致员工感觉被疏远，甚至可能导致有毒的组织文化，因为它可能会传达一种信息，即目标是将他们"自动化出局"。然而，如同我们从创业家里奥·蒂菲什（Leo Tiffish）那里学到的，自动化可以帮助组织在使用相同数量的人员的同时取得更多的成就：没有必要将任何人"自动化出局"。发展业务听起来比保持相同规模但减少人员更令人激动，不是吗？一个有远见的组织会将自动化作为一个工具来推动其业务的增长，而不是仅仅作为减少人力成本的手段。

持这种观点的并非我一人。例如，IT企业埃森哲（Accenture）的领导者詹姆斯·威尔逊（James Wilson）和保罗·多尔蒂（Paul R. Daugherty）在研究了1500多个组织后发现，当人类和算法紧密合作时，企业通常能够取得最好的成果。就像在国际象棋中一样，人类和算法在商业中的优势相辅相成。

多尔蒂和威尔逊对人类与机器协作的分析聚焦于人类在与算法合作中取得成功所需的三项技能：培训、解释和维持。

培训技能是人们能够更好地开发和优化算法的关键。例如维基百科的Cluebot NG，它所取得的效率和成功在很大程度上依赖于人类操作员的持续改进和优化。没有这些人的努力，Cluebot NG的效果将会随着新形式的破坏和规避检测的策略不断出现而逐渐减弱。培训师需要定期检查和审查算法的输出，根据需要调整和优化算法的行为。例如，OpenAI通过雇佣人员来标记和过滤"有毒"的内容，以减少其模型ChatGPT生成这类内容的可能性。

解释技能在于使高管、客户和其他利益相关者能够理解算法为何会做出特定的决策。正如我们从COMPAS案例中看到的，当算法的决策涉及重大后果时，解释算法的决策过程和依据就显得尤为重要。在全球范围内，一些司法辖区已经引入了"解释权"这一原则。例如，根据欧盟的通用数据保护条例（GDPR），被算法自动做出决策的个体有权了解这些决策的依据和解释。

最后，维护技能则确保算法能够在组织中持续、稳定且有效地运行。这不仅包括日常的技术维护和支持，还包括对算法性能的持续监控和评估，确保其行为符合道德规范和法律规定，并且能够持续为企业创造价值。例如，像TikTok（抖音海外版）和Instagram（照片墙）这样的社交媒体平台需要不断地监控和调整其算法，以确保其内容推荐和展示符合各国的法律法规和社会道德。

企业如何培养员工这三项技能？为了提高培训技能，他们应该教会员工如何审查算法的输出，并对其进行注释或提供反馈。例如，当你被要求向电子邮件应用程序报告垃圾邮件时，实际上你正在参与训练垃圾邮件过滤器！解释技能需要结合领域专长和对算法的深入理解。为了支持这一点，企业可以帮助员工更好地理解他们所使用的算法的技术层面。最后，为了增强维持技能，企业可以通过为员工提供实践故障排除的经验，训练他们进行批判性思考，以有效监督AI系统的能力。

面对AI算法，员工可能会感到困惑和畏惧，这主要源于许多AI算法所具有的神秘性。AI是一个复杂的领域，算法不易于解释的工作方式可能会造成一种神秘和不可知的感觉。一个AI算法，即使没有明确的指导，也能产生与人类努力相匹配，甚至更优的结果。甚至科学家自己也可能对某些AI模型的工作方式感到不确定。为了克服这个挑战，我们需要投入时间和精力去理解和建立对AI算法的信任。如何建立这种信任呢？首先，我们可以让员工更多地与AI接触和互动，发展他们的数字素养，并提供周到的指导。

让员工更多地接触AI是非常关键的。尽管AI算法可能很复杂,但我们不应该过分神秘化它。人们越是与AI系统互动并见证其能力,就越能减轻他们的恐惧和顾虑。企业可以通过在组织的各个层面引入AI技术,并确保所有团队成员都有机会了解和学习这些技术来实现这一点。我经常建议企业尝试"副驾驶"方法,即让员工在执行任务时,尝试并行使用AI算法。即使算法没有成功,也没关系,因为这本身就是一个学习和改进的机会。例如,自从OpenAI发布了ChatGPT,采用"副驾驶"方法对办公室工作人员来说变得更加容易和可行。

尽管接触AI是迈向自动化的良好开端,但要完全实现自动化,员工需要有坚实的技术基础。对于那些原本没有这种基础的员工,鼓励并支持他们提升相关技能才是明智之举。令人惊讶的是,很多人其实都很愿意抓住机会学习新技能,特别是当他们理解了背后的逻辑并能看到学习对他们有何益处时。例如,学习软件开发的基础知识可以为他们开启新的可能。网站如Codeacademy便提供了学习编码的良好起点。一些在特定领域已有专长的人选择学习编码,他们甚至可能成为优秀的程序员。精通自己工作领域的自动化技能的人是极其宝贵的资源。

最后,管理者和其他领导层的人员在指导和引领组织走入数字化时代的道路上也起着至关重要的作用。然而,有许多领导者并没有充分准备好面对数字化转型——有时他们甚至在决策时都未使用数据。他们的犹豫通常源于对技术和团队提供的数据的不信任,这种不信任也许是之前技术失败的经验导致的。为了克服这种障碍,领导者也需要建立起对技术的信任,就像其他员工一样。处于算法经济中的领导者需要不断接触新技术,以培养和加强自己的技术能力。那些"数字文盲"型的领导者正在逐渐被淘汰。

对于那些对如何在生活和工作的各个方面实施自动化任务感兴趣的人,我推荐布莱恩·克里斯蒂安(Brian Christian)和汤姆·格里菲斯(Tom Griffiths)合著的书《生活中的算法》(*Algorithms to Live*)。这本书带领读者探索日常生活中的各种挑战,并展示了算法如何为解决这些挑战提供帮助。这本书鼓励读者在考虑如何实施自动化之前,重新评估他们的日常活动。

我经常听到的一个担忧是，自动化可能会取代人类的工作。这种担忧在某种程度上是合理的，但这并不总是符合实际情况的。正确实施自动化不一定会导致失业，反而可以促使企业将员工重新分配到更有价值的任务上。

领导者应该与他们的团队分享自动化带来的更广阔的愿景。这可以帮助团队成员理解他们如何适应和融入自动化的组织结构中。让员工看到他们在自动化过程中的新角色是非常重要的。当然，不是每个人都能立即接受和理解这种改变，但如果愿景和信息传达得恰当和连贯，他们会随着时间的推移逐渐理解和适应。例如，在沃特金斯钢铁公司，没有员工因为自动化而失去工作。相反，许多员工学到了新的技能，得到了晋升，有些人甚至从更传统的职位转型到了数字设计的岗位。

当组织评估和确定哪些任务可以自动化时，这些任务通常是很复杂流程中的一部分。例如，我曾与一个负责实施环境保护规定的政府机构合作，我们正在制定策略，计划自动化其中的一些监控任务。这些传统上被认为是"脏活、累活、危险"的任务通常由人完成，而大多数人都愿意放弃这些任务。但收集环境数据只是整个执行过程的一部分，还需要进行深入的分析和决策制定，这些环节是需要人类发挥重要作用的地方。

引入人机合作的概念也有可能会创造新的价值。在未来，环保机构可能会与公众分享更详细的监控数据，这可以帮助社区找到数据的其他潜在用途。这种新的价值主张可以为人类员工创造新的角色和机会。

2022年，埃隆·马斯克收购了推特（Twitter），并迅速裁减了近一半的员工，大约3700人，这一消息迅速成了头条。随后，他向剩余的员工发送了一封备忘录，强调他们需要更加努力和工作更长时间以构建一个有竞争力和创新的推特2.0。

马斯克的行动及其持续的影响——据报道，在收购后仅6个月，推特的市值已经跌至购买价值的1/3，并且已经失去了约80%的员工——给我们提供了一个重要的教训。马斯克很快就意识到，即使是高度自动化的企业，没有足够的人手来保证运营的顺利进行，也会遇到问题。只依赖于自动化并大量裁员是一个很容易陷入的误区，这表明完全由算法驱动的企业在当前仍然只是一个理论概念。相反，企业应该专注于在算法和员工数量之间找到一个合适的平衡点。

在追求效率的道路上，组织应该寻找机会将人与机器（无论是算法还是机器人）更好地结合在一起。这包括审查现有的业务流程，并确定哪些步骤可以被消除、自动化或增强。在模式识别、数据分析或结构化数据管理等领域，如果算法超越了人的能力，那么组织就应该使用算法，而人类则应该被分配到他们擅长的，涉及创造性思维、归纳和演绎思维或解决结构化问题的任务中。人类擅长理解和评估情绪，并能看到更大的图景，这意味着他们可以评估和理解不同事件是如何相互联系的。计算机程序没有掌握这些能力，但它们对于业务的成功运营至关重要。

那么，为什么在很多企业明显不重视他们的员工的情况下，我还要强调企业应该关心他们的员工呢？因为我相信，一个培养和帮助员工适应自动化的组织，能够培养出一支更有韧性和适应性的劳动队伍，最终惠及整个组织。通过整合人类和算法的优势，我们可以创造出一个更为繁荣的经济体。如果我们真的缺乏新的商业想法，算法也许能在这方面提供帮助。

第八章 永远充满好奇：持续进化

当前，电气化的趋势正在重塑许多行业。其中，汽车行业是受影响最深的一个：电动汽车正在迅速增多。10年前，它们还是非常少见的。但到了2022年，挪威近1/4的汽车都是插电式电动汽车，而英国有超过100万辆电动汽车在路上行驶。从内燃机到电动机的转变为新的汽车制造商提供了新的机会，同时也给现有的制造商带来了巨大的适应性挑战。

这种发展也改变了需求模式。随着我们道路上由化石燃料驱动的汽车数量的减少，用于生产电动汽车电池的资源如锂、镍和钴的需求正在上升。

如果供应无法满足需求怎么办？我们需要科学家去探索可用于电池生产的替代材料。我们知道有少数化合物可以满足这一点，但它们只是可能创造合适的储能材料的无数组合中的一小部分。面对时间限制和广泛的潜在研究路径，研究人员应该从哪里开始呢？

在通常情况下，科学家会依靠数据库搜索和直觉来测试新的化学组合。测试每一种可能的组合都是耗时的。一些组合可能会很快被排除，因为它们的效果是已知的或可被高度预测的，但这并不能显著减少所谓的"搜索空间"。

发现的过程中也可能会找到与现有材料非常相似的新材料，这些新材料依赖于已经被用来制造电池的相同原料。专注于单一电池化学材料研究的科学家或团队可能会发现，很难从不同的角度来看待问题并提出"非传统"的组合。当搜索的初衷主要是原材料稀缺时，这并不是一个理想的情况。

行为科学家将发明者更倾向于完善现有思想而非创造革命性思想的现象称

为可得性偏差。我们在评估一个想法时会依赖于那些容易想到的信息。如果你手头有一把锤子，那么所有问题看起来都会像是钉子。同样，如果一位科学家在其职业生涯的大部分时间里都在研究基于锂的电池，那么他们的新想法很可能会受到他们对锂的知识的影响。

算法能否克服实验的缓慢进展和可得性偏差的挑战？利物浦大学的一个研究团队认为答案是肯定的。他们将寻找新的、有前途的、用于能源存储的化学组合的任务交给了他们开发的AI算法。该算法利用先前有用的组合信息来识别并排列可能有前途的新组合。然后，研究人员会对算法"预选"的组合进行实验室测试。

这导致了四个非常有价值的发现，其中包括一个全新的固态材料家族，被称为固态电解质，它在电池开发中有着关键作用。如果这种开创性的发现是由一个人做出的，我们可能会称他们为"蓝天思考者"（blue-sky thinker）[1]或"非常规思考者"（left-field thinker）。然而，我们还没有一个名称来称呼表现出这种创新思维的算法。

利物浦大学的研究员马特·罗辛斯基（Matt Rosseinsky）称，项目成功的关键是人与算法之间的合作。"这种合作方式结合了计算机研究数十万种已知材料之间关系的能力，这个数量是人类无法做到的，并且这种合作方式结合了人类研究者的专业知识和批判性思维，从而带来了创造性的进步。"他解释道。

罗辛斯基还表示："这个工具可能是未来对科学家有益的众多协作式人工智能方法中的一个示例。"听起来这个声明完全合理，不是吗？但是，当你记得可得性偏差时，这并不那么合理：作为一名开发AI工具的科学家，你肯定会考虑它如何帮助其他科学家。让我也运用我的可得性偏差：我相信这种协作式AI方法不仅会对科学家有益，也会对企业家和创意工作者有益。

对于大型组织而言，可得性偏差可能不是一个大问题。如果新想法与组织已经在做的事情相符，这实际上是可行的，甚至是理想的。他们可能想要彻底

---

[1] 蓝天思维是一种创造性的头脑风暴技术，旨在通过消除实际约束和限制来培养创新和富有想象力的想法。

改造自己，但他们被自己的身份和当前的活动所限制。尽管他们可以利用自己的市场地位和现有资源谋取利益，但他们没有像初创企业那样的灵活性：他们不能迅速跳入新行业或根据客户反馈大幅改变他们的做法——诀窍是要找到微创新（对现有业务模型的微小改进）和根本性转变之间的平衡，这种转变可能对企业有益，但也可能让其面临生存风险。

Netflix常被用作创新成功的例子，因为它重新定义了电影租赁行业。它始于1997年，最初是一个提供在线DVD租赁服务的网上租赁平台，按出租的DVD的数量和时长向客户收费。到2000年，它推出了固定费用的订阅模型，即提供无限租赁，用户无须支付逾期费用或运输费用。2007年，它推出了视频流媒体服务，并于2011年开始制作自己的内容，2013年发布了其第一个原创节目《纸牌屋》（*House of Cards*）。然而，可以说该企业最令人激动和独特的发展始于2021年，当时奈飞开始涉足游戏行业。

为什么一个专注于视频流媒体和电影电视制作的企业会选择进入视频游戏领域呢？答案在于，奈飞专注于理解和满足客户需求，并且它的复杂算法能够比任何竞争对手都更好地理解和满足客户的需求。对本地观众的持续好奇心，以及与他们的持续接触和深入了解，使奈飞成为创建有针对性的、吸引本地市场的原创内容的领导者。奈飞如何保持其领先地位？进入游戏行业可能是奈飞为保持领先地位而做的最新尝试。

迄今为止，奈飞已经收购了三家游戏工作室：Night School Studios、Boss Fight Entertainment和Next Games，最后一家于2022年4月收购。Next Games是一家芬兰的移动游戏开发商，制作了一些所谓的特许经营游戏，从而为电视和电影粉丝创造游戏体验。这些特许经营游戏与奈飞的品牌形成了完美的结合：例如，《怪奇物语》（*Stranger Things*）和《烘焙盛宴》（*Nailed It*）的粉丝现在可以更深入地参与其中。根据奈飞的数据，超过2.3亿的付费用户（外加大约1亿用户共享账户密码）现在可以在深夜回家时无缝切换电影、电视节目和游戏。

奈飞会进入其他行业吗？例如社交网络领域？虽然这个想法现在看起来可能有些牵强，但奈飞似乎为自己留下了很多可能性。其官方网站表明，它的竞争对手包括"消费者在空闲时间可以参与的所有活动",这不仅包括在其他流媒体平台、线性电视、DVD或电视点播平台上观看内容,还包括读书、浏览YouTube、玩视频游戏、在脸书上社交、外出与朋友共进晚餐或与伴侣一起享用葡萄酒。

在本书的这一部分,我想探讨一种特殊的算法使用方式——不仅是为了推荐动作、执行任务或预测未来,而且是作为激发创新和推动增长的一个工具。

成功的企业在算法时代天生充满好奇心。他们更倾向于提出问题,而不是拥有所有的答案,他们也不害怕冒险探索未知的领域。这些企业还会进行大量的实验,一旦找到了解决问题的新方法,他们就会继续探索如何扩大市场份额。

成功的组织不再追求永久性的竞争优势,他们明白,在一个瞬息万变的世界里,持久的优势几乎是不可能实现的。相反,他们追求的是暂时性的竞争优势,这是由作家和管理学教授丽塔·麦格拉思(Rita McGrath)提出的概念。在当今世界,机会会快速出现并且迅速消失。在某个特定机会中建立起来的优势通常都是"暂时性的",机会窗口会迅速缩小,这要求企业朝着持续进化的方向发展。

在这一章,我将探讨三种法则,它们能帮助组织走上一个持续进化的道路,成为成功的RACERS。这些策略包括:不仅接受数字化,而且深入拥抱它;构建用于实验的"沙盒";培养好奇心。即便是在一个不断变化的环境中,通过抓住暂时性的优势,并充分利用那些稍纵即逝的机会,企业也可以保持他们的领先地位。

法则4:推出新的价值主张

有时,评估一个商业理念好坏的唯一方式就是在实际环境中测试它。一个经典的例子就是:20多年前,亚马逊向外部的软件开发者开放了其内部应用程序接口,并在2002年推出了新产品——Amazon Web Services(AWS)。允许软件开发者通过所谓的Web服务,在他们自己的网站上添加亚马逊的产品搜索和购物功能。Web服务是一种允许不同应用程序通过互联网相互通信的工具,在这个场景中，它是亚马逊应用程序和全球开发者创建的应用程序之间的桥梁。亚马逊完全自动化了这个过程，获取其Web服务不需要任何人为干预。

到了2004年，已经有超过100个应用程序借助了亚马逊提供的Web服务。虽然这并不是一个令人震惊的数字，但对亚马逊来说，它是在测试一个理念：人们是否对使用亚马逊的基础设施感兴趣？这个数字足以使高层管理层确信，这个实验值得进一步的探索和投入。

随着网络购物的普及，这家零售巨头很快就意识到需要投入更多的资源来强化其服务器基础设施。尽管平时的在线零售活动可能相对稳定，但在一年中会有几个高峰期，比如黑色星期五或圣诞节购物季，亚马逊的服务器会面临巨大的访问压力。但是，在这些高峰时段之外，大量的服务器资源其实都处于闲置状态。

组织中有些人提出了一个绝妙的主意：最大限度地利用这些闲置资源。亚马逊IT基础设施团队的两名成员，克里斯·平克汉姆（Chris Pinkham）和本杰明·布莱克（Benjamin Black）撰写了一篇论文，描述了如何将亚马逊的基础设施完全自动化。在他们的论文结束时，他们提出一个建议，即"虚拟服务器"可以作为一项服务被出售，这为亚马逊提供了一个可以通过其必要的零售基础设施获得收入的机会。

亚马逊决定进行一个小型实验，向公众提供部分现有的IT基础设施，让他们付费使用。客户需支付的费用基于他们接收的服务质量——始终可用的服务器相对于可能会在亚马逊零售业务高峰时段需要使用而"宕机"的服务器来说，价格更高。这个实验获得了巨大的成功，最终在2006年促成了AWS的诞生。仅在2022年，AWS就实现了800亿美元的收入，成为全球最大的云服务提供商。

亚马逊采取了一项被后人纷纷效仿的举措。首先，它开发了支持企业运营和扩展的内部基础设施。然后，开始询问自己：现在有哪些新的可能性是我们之前不能做到的？这导致了一个全新的价值主张：在过去，亚马逊主要是卖产品；现在，它也开始出售访问其计算基础设施的权限。有客户愿意为此支付费用。原本可能会闲置的服务器现在变成了一个收入来源。用企业的话说，这个服务器部门从一个成本中心转变成了一个盈利中心。

数字巨头不会仅为了自动化而自动化；他们的自动化还是为了创造新的价值并开拓新的市场，就像亚马逊所做的。在与企业合作时，我倾向于区分数字化（digitisation）和数智化（digitalisation）。数字化涉及利用技术使工作变得更加迅速、有效和经济；而数智化则更侧重于利用这些技术创造独特的价值主张。数智化可以催生衍生业务，并为组织提供重要的进入新市场和行业的机会（这些都是新价值主张的示例），使其更能抵御干扰。并非所有人都理解这两个术语之间的区别，但是这个领域的专家对此非常清楚——我并不是第一个提出这种区别的人。

当一个组织有一个明确且固定的价值主张时，他们可能会选择专注于数字化。数字化是关于找到更好的方式来实现已经确定的价值主张。然而，很少有企业能够永远依附于一个固定的价值主张。

在开始数智化之前完成数字化并不是必要的。实际上，等待并不是一个值得推荐的选择。数字化和数智化都是持续的、可能永远都没有终点的过程，而不是一个有明确结束点的独立项目。在引入数字化的任何时候，都应当考虑：现在有哪些我们之前无法做到的可能性？这种自动化是否创造了新的机会，或者加强了现有的机会？

我和同事们研究了全球32家因其在工业4.0中的创新成功而闻名的制造企业。工业4.0，也被称为第四次工业革命，是制造和生产发展的最新阶段，其中智能技术，如计算机、机器人和算法共同作用，使流程更加顺畅和高效。工业4.0专注于将数字技术整合到工厂和企业中，例如在仓库中使用自主驾驶机器人管理库存，以及在制造工厂中使用人工智能预测和预防设备故障。

有趣的是，我和我的同事研究的这些企业并不是与常见的硅谷故事相关的颠覆性力量，但我们的研究发现，工业4.0的创新者通过使用10种关键策略区分自己，从而建立新的价值主张。

前三种策略聚焦于丰富产品或服务，这可能包括建立终身伙伴关系、将产品作为服务销售，以及根据结果而非产品本身收费。

例如，现代汽车可以与其制造商通信并请求服务检查，这使得购买汽车仅仅是制造商和客户关系的开始。

奥地利动力总成制造商AVL List（AVL李斯特）引入了对其销售组件的远程使用和状态监控。通过这项监控服务，它建立了与客户间持续的通信渠道，使其能够提供更多的产品和服务。

在重型设备市场，如建筑和土方设备市场，仍有创新的空间。例如，芬兰的Konecranes Oyj企业现在提供起重机出租，吸引了新的客户群。德国Kaeser Compressors Inc.创新地按立方米销售压缩空气，只对客户从其产品中获得的最终效益收费。

接下来的三种策略专注于重新构思流程：邀请所有对合作感兴趣的人共同想象新产品，与他人共享基础设施，以及从大规模生产转向大规模定制。

美国汽车制造商Local Motors通过构建一个由设计师和技术人员组成的社区——Launch Forth——开放其产品开发流程，以开发新产品。而阿迪达斯（Adidas）现在利用自动化和机器化来提供与大规模生产的运动鞋相似价格的个性化鞋子。

例如包括的这四种策略是利用组织已经拥有的知识和资产。例如，通过销售产品和转型专长、将收集到的数据变现，以及将内部解决方案转化为可销售的产品。

德国农业机械制造商CLAAS，现在利用其拖拉机的数据，通过其分支机构365Farmnet提供额外的服务。而澳大利亚的慈善组织Orange Sky Australia在为全国的无家可归者提供移动洗衣和淋浴服务时，推出了其志愿者管理软件平台Campfire，并向其他慈善组织开放以供使用，并更名为Volaby。

几年前，我在TEDx上发表了一次演讲，题目是"无须创造性：伟大的头脑如何构建创意"（Creativity Not Required: How Great Minds Craft Ideas）。在演讲中，我分享了结构化构思（structured ideation）的概念。结构化构思是一种使用系统方法生成创新想法的问题解决方法。与"等待灵感降临"相反，使用此方法的人会提出经过精心设计的问题，以激发自己探索新可能性并找到独特的解决方案。它是发现为客户提供新价值方法的有价值的工具,这是数智化的核心目标。通过提出像"如果我的当地超市经营我的业务会怎样?"这样经过精心设计的问题,你可以为价值主张产生一些出乎意料的想法。

法则5:启动数字化进化

变革在组织中可能会引起恐慌和担忧。然而,即便是在庞大的组织中,也可以进行小规模的实验性尝试,这有助于减轻人们的恐惧感。

以澳大利亚北部的昆士兰州为例,该州地域辽阔——假如它是一个国家,它的面积能排进世界前20名。可以想象昆士兰州政府在推出新服务时会面临的种种挑战。

交通和主要道路部门正尝试推出数字驾驶证。如果司机愿意,这个智能手机应用程序将允许他们把自己的实体驾驶执照留在家中。这个想法非常让人兴奋:你可以不必再随身携带钱包。如果需要有人查验你的驾驶证信息,你可以直接展示一个二维码(QR code),并选择你想要展示的信息详情。例如,你可以向警察展示完整信息,而在夜店的安保人员面前,可以只展示你的出生日期(不展示家庭地址或其他私人信息)。

但是,在昆士兰州,这样的方法真的可行吗?如果在某些没有手机信号的地区,驾驶员需要展示他们的驾驶证该怎么办?如果手机屏幕破损,警察是否还能够扫描应用上展示的二维码?

为了解决这些问题,昆士兰州的交通和主要道路部门在两个城市进行了数字驾驶证的试点测试。实验结果表明,由于许多年轻人的手机屏幕都有裂缝,二维码无法成功被扫描和读取。因此,数字驾驶证的应用程序需要寻找其他方式来适应数字化的驾驶证查验。试点测试还暴露出了一些其他未预见的问题,例如有些企业希望能够复印驾驶证。为了解决这一问题,应用程序进行了调整,现在能提供一个可打印版本的驾驶证,可以通过电子邮件或短信发送。

这次试点测试为交通运输部门提供了宝贵的实践经验,并帮助他们更好地了解并解决了一些潜在的在实际操作中可能遇到的问题。虽然在全面推出产品之前进行小规模实验似乎是一个很自然的想法，但实际上，并不是所有的公共部门组织都会考虑到这一点。

如今，自动化技术为企业提供了更广泛、更灵活的实验可能性。企业可以在任何时候进行大量的实验，每次都可以实施数百个甚至数千个实验。当然，在某些特定情况下，实验的范围和形式可能会受到法律和法规的限制，但在很多其他情况下，实验可以进行得相当自由和宽泛。例如，企业可以自动化地进行大量实验，如轻微修改发送给客户的通知文档。只要企业能够正确地设计和实施这些实验（这也体现出了数据科学家的重要性），这些实验就有可能为企业带来有价值的见解和启示。

美国前总统巴拉克·奥巴马（Barack Obama）在2008年总统选举前利用这种大规模实验的力量来增加他的竞选筹款。他的团队采取的方法简单而强大，重点放在奥巴马的在线存在感上。访问他网页的人看到的是一张色彩丰富的奥巴马照片和一个大大的"注册"按钮。团队决定进行实验：不同的文本选择是否能吸引更多人参与竞选并捐款？如果选择不同的照片呢？改变照片是否会影响转化率？

当成千上万的人访问一个网站时，如果其背后的算法能够向每个访问者展示略有不同的版本，就有可能同时进行大量实验。团队渴望尝试这种方法。

有些访问者看到的是"现在加入我们"，而不是"注册"；而另一些人看到的是"了解更多"。团队的分析显示，当访问者看到"了解更多"时，注册人数几乎比原始的"注册"高1/5。那么照片呢？结果显示，一张奥巴马家庭的黑白照片使注册人数略微增加了13%。当访问者同时看到黑白照片和"了解更多"的文本时，注册人数增加了40%。

这些精心设计的实验共吸引了1300万人签名支持奥巴马的竞选，其中有400万签名是由这些网站优化实验而得到的直接结果。据估计，这些通过数字化优化策略实现的改进，为奥巴马的竞选筹得了约7500万美元的资金。

经营一家企业有时候可能感觉像是在过"土拨鼠日"（Groundhog Day）[①]。的确，每天都有新的、未预见到的挑战，但如果你往回看看，会发现很多事物都非常相似，一些流程可能会变得重复和单调。这不仅仅是在职场上，我们的个人生活中也会有类似的情况。你是否总是在相同的时间起床？是否总是在同一个地方吃饭？无论是在工作还是在生活中，陷入一种固定和重复的模式都可能不利于我们的发展和成长。

当我第一次看马克斯·霍金斯（Max Hawkins）的TEDx演讲时，我感到困惑。作为一名艺术家和计算机科学家，霍金斯用一个独特的方式解决了这个问题：他让一个算法接管了他的部分生活决策。作为谷歌的一名软件工程师，他之前常常尽可能优化和规划他的日常生活，包括起床时间、选择的咖啡店和上班的路线。但有一天，他意识到他的生活变得过于可预测，于是决定编写一个算法来打破这种单调和重复的生活。

他首先开发了一个应用程序，用于在周五晚上帮助他探索新的地方，而不是总是去同一家酒吧或餐厅。这个应用会基于谷歌地图（Google Maps）的信息，随机选择一个地点，并叫一辆优步前往那里，但不会事先告诉霍金斯和他的朋友们具体的目的地。因此，每次他们到达的地方都充满了新奇和惊喜。例如，有一次，应用程序指导他和朋友去了旧金山的一家医院的精神病急诊服务部门，可以看出算法也可以有一些出乎意料甚至幽默的选择。

霍金斯对这款应用十分着迷。他利用它游走于城市的各个角落。"我开始意识到，由于受制于个人偏好，我错过了旧金山的许多其他面貌。"他这样告诉TEDx观众。

随后，他进一步释放了对算法的控制，允许其自由选择他的饮食、音乐、日常安排，甚至是文身设计。更为极端的是，他根据算法的建议，改变了居住地！

最初，我认为霍金斯的实验过于幼稚和冒进。但经过深思，我意识到霍金

[①] 每年的2月2日是美国传统的土拨鼠日，在这一天，冬眠的土拨鼠会醒过来并从洞里出来，这预示着春天的到来。

斯正在展示打破土拨鼠日节奏的潜在好处。霍金斯决定让算法来为他的生活带来多样性。

尽管霍金斯可能有所夸张，比如他可能会忽略算法给出的某些危险或不合理的建议，但他构建了一个非常有序的系统，为自己的生活引入了未知的可能性。他分享说，这样的尝试让他感受到了前所未有的自由：

> 我开始发现，原来自己的偏好让我忽视了世界的多样性和丰富性。而算法的引导让我勇于跳出舒适区，去体验和探索那些因与我过于不同或似乎并不适合我而被我忽视的人类经历。

然而，进化不仅是关于随机突变，它还涉及"适者生存"法则。那些能够增强适应性功能的突变应被保留。（在动物世界里，适应性功能可能关乎生存；在商业领域，可能关系到盈利；在日常生活中，可能影响到幸福感。）虽然霍金斯并没有明确哪些算法生成的建议被他采纳，哪些被他舍弃，但他的生活因此已发生了显著变化。

至此，我希望你们能明白，我的看法已经发生了翻天覆地的变化。我对于生活中算法随机性的应用，从最初的震惊于霍金斯的实验，转变为深入理解并欣赏这种实验如何丰富我们的生活和企业运作。

受霍金斯的影响，我也开始在工作中引入随机的算法选择。在我所教授的MBA课程中，我让20%的课程内容由算法随机生成。我发现这是一个安全的平衡——即便这些随机内容对学生可能没有直接的帮助，且仅占据了课程的一小部分，但是常常能引发出富有启发性的讨论，使得每一堂课都独一无二。

我甚至在公开演讲中也采用了这种方法。在某次演讲中，我将内容的随机性提升至80%，仅保留20%的内容由我自主控制。我在第六条法则——保持好奇中进一步阐述了这种做法。

有时，企业甚至可以无须刻意地去进行这样的实验，而实验已经悄然进行，他们需要做的是认识到并接受它作为一种实验。

2021年10月11日凌晨2点，大卫·卡德（David Card）的电话铃声此起彼伏。作为加利福尼亚大学伯克利分校的经济学教授，他最初以为是他的朋友蒂姆（Tim）的恶作剧。来电显示出"+46"的区号，电话来自瑞典。卡德接通了电话，收到了这辈子可能最令人震惊的消息：他与同事约书亚·安格里斯特（Joshua Angrist）和吉多·因本斯（Guido Imbens）共同荣获了诺贝尔经济学奖。

卡德、安格里斯特和因本斯的研究聚焦于劳动力市场。与大多数研究者不同的是，他们没有依赖现有的数据进行分析，也没有制定实验来引入干预措施以测试其效果。简单来说，研究者会基于现有数据进行分析（回顾过去），或者通过实验干预来预测未来。实验的规模和伦理性通常是实验面临的两大挑战。大规模的实验往往成本极高，而且某些实验可能在实践中造成伤害、产生剥削或带来其他负面影响。听起来很刺耳？想象一下：为了研究人们如何应对财务压力，而故意让一些人面临破产的境地。

但卡德及其团队采用了一种别开生面的方法。他们认为，世界自然发生的随机事件，可以作为一种实验手段，类似于科学家在实验中引入的随机性，以确保实验结果的有效性。简而言之，卡德和他的同事们通过分析那些自然而然发生的"随机实验"，成功得出了具有科学价值的结论。相较于通过实验手段让人们面临破产，他们选择研究那些已经破产的个体，进而探索他们的应对策略。

那么，企业如何借鉴这种荣获诺贝尔奖的研究方法呢？目前，这种方法在商业领域的应用还不算广泛，但已经有一些案例开始出现。例如，有一项我非常欣赏的研究——虽然相当"学术"——分析了超过100万人在5年内跑步的数据，总距离超过了3.5亿公里。研究者没有进行任何实验干预，但他们确实发现，当不太活跃的跑者增加了跑步的距离或时间时，他们的这种行为会激励更为活跃的跑者朋友也增加训练的强度，但反之则未必。研究还发现，男性跑者容易受到男性和女性跑者的影响，而女性跑者主要受到其他女性的影响。

这样的研究见解可以被品牌代言人、广告商或在线跑步应用所直接应用和借鉴。例如，如果一个跑步社交平台想要鼓励其女性用户更为积极地参与跑步，并更频繁地使用其应用程序，那么这个平台应该更多地向女性用户展示她们的女性朋友的跑步活动和进度。而将男性朋友的跑步进度展示给女性用户，可能在浪费"信息流"。

要实现个人或事物的成长和进化，有时我们其实只需要回顾并借鉴过去的经历和教训。

法则6：保持好奇

你是否还记得谷歌在过去几年中推出了许多令人眼花缭乱的产品？数量是10个、20个，还是50个？如果你对此感到疑惑，可以访问一个名为"被谷歌杀掉"的网站，该网站详细列举了谷歌推出但随后又被废弃的所有产品。目前，这个列表上已经堆积了288个被终止的项目。众所周知的社交网络Google Plus，以及其相对较不为人知的前身Orkut都在其中。这份名单的内容还在不断地增加。然而，谷歌推出然后又废弃的这近300个项目，并非均属失败之举。它们更像是进化探索过程中的自然筛选——符合数字生存法则中"适者生存"的原则。

我们对于像谷歌这种持续探索创新的企业还没有给予足够的认可。我们可以很容易地指出，谷歌的主要收入依然是来自其搜索引擎和广告业务（广告收入占总收入的80%以上）。但是，谷歌或许已经意识到其商业模式的潜在风险，因此在不断地探寻：我们还可以提供哪些值得客户付费的服务和产品？

不论其背后的动机如何，谷歌始终保持着探索的好奇心。

在经营一家成功的企业时，提出新问题有时可能会被视为一种干扰。通常，企业会集中精力去回答一系列标准化的问题，比如"我们应该为产品定价多少？"，"我们如何提升客户满意度？"或是"我们如何有效地降低税务负担？"，等等。同时，他们也会探讨各种假设和"如果"的场景，例如："如果我们停止产品广告，会有何影响？"或是"如果我们将产品包装改为黄色，是否能够更吸引消费者的注意，进而提高销量？"，等等。

似乎，每个高管都有一套特定领域的问题需要解决。首席营销官主要关注产品相关的议题；首席财务官关注预算方面的问题；首席执行官则要考虑如何使企业在投资者面前更具吸引力，特别是在企业上市的情况下。这种基于问题提出假设并测试解决策略的分析思维，已经被广泛应用并成为商学院的教学内容。

但也有些企业更注重探索新问题，而不是仅仅满足于回答已有的、预先定义好的问题。他们以自己的好奇心为导向，勇于探索未知领域，提出前所未有的问题。这种富有创新性的思考方式在推动行业的增长和实现产品或服务的差异化方面具有巨大的潜力。

以 The DAO 为例，这家企业采用了这种探索性的方法。其创始人提出了一个独特的问题：一个企业是否可以在没有人类干预管理的情况下存在和运营？同样，Avatar Robot Cafe DAWN ver. β 的创建者们也提出了新的疑问：是否可以在不损失甚至提升友好氛围的前提下，在餐厅中引入服务机器人？由于勇于提出这样非传统的问题，这些企业为创造全新的商业模式铺平了道路。

设计好奇心是基于经验和情感的，旨在在各种不同的情景中发现问题或机会。拥有设计好奇心的组织能够超越行业的传统界限，接纳并尝试新奇、前卫的想法。虽然采用这种方法的组织在我所接触的范围内相对较少，但这些组织通常都能打破行业的传统规范，要么对现有行业进行重新构建，要么进入一个全新的领域。

培养设计好奇心可以使组织更具灵活性和前瞻性，并能建立强大的创新文化基础，使组织始终保持在行业的前沿位置。通过持续寻找新的问题，并勇于拥抱未知，这些企业能够释放其全部潜能，从而实现卓越的成就。

此外，生成型好奇心是商业领域中一种独特的解决问题和创新的方式，它得以发展归功于技术的迅速进步和算法的广泛应用。简单来说，这是一种让算法自由发挥，去自动生成或提出问题的方法。如霍金斯的算法所示："如果你今晚在随机挑选的餐厅用餐，会有什么不同的体验？"与其他类型的好奇心不同，生成型好奇心不受固有框架或特定问题集的限制。相反，它强调利用随机探索和实验的能力，以推动有益的商业成果。这种充满活力的方法有可能彻底改变企业的创新方式和适应市场变化的策略。

生成型好奇心与失败的关系是其核心特性之一。它并不将失败视作消极的结果，而是将其看作珍贵的学习过程。确切地说，没有失败，生成能力就难以显现。企业通过接受失败作为创新不可或缺的一部分，从中汲取经验，调整策略，从而在未来取得更为丰硕的成果。

那些愿意接纳失败，并利用随机探索力量的企业，能够发掘新的机会。他们能推动创新，能达到一个新的高度，开发出创新的产品、服务和商业模型，为企业和客户创造持久价值，保持在市场竞争中的领先地位。

2022年，我被邀请在一个聚集了昆士兰州独立公立学校校长的会议上发表演讲。这个州有250所此类学校，他们的校长会定期会面。每隔一段时间，他们就会联系我，希望了解最新技术对他们的工作可能带来的影响。这一次，我被邀请分享我对人工智能在教育领域的应用和看法。

我不是特别喜欢准备演讲。有人可能会认为我有些懒。我喜欢站在台前分享我的想法，但我讨厌设计标题、幻灯片和摘要。也许可以说是出于懒惰，我想："或许我可以让一个AI来为我创作标题和摘要。"

你可能还记得，许多现代AI系统都配备了自然语言界面。这意味着我们可以直接告诉它我们想要什么。我选择了其中一个系统，给它留了这样一个提示："请为一场关于人工智能在教育中的影响的演讲创作一个有吸引力的标题。这场演讲将由马雷克·科沃克维奇教授进行，并将呈现给100多位学校校长。"

算法给出了以下回复："如何战胜机器人：确保您的学生在AI时代保持领先。"

受到这些回复的鼓舞，我进一步要求算法为我生成一个摘要。我再次给出提示："请为一场关于人工智能对教育的影响以及它如何塑造我们孩子的未来的演讲创作两句话的摘要。请确保第一句话成为具有吸引点击的效果。"

算法的回复非常出色："人工智能将是教育的终结者吗？在此演讲中，我们将探讨AI如何影响教育以及塑造我们孩子未来的方式。"

我将这些标题和摘要发送给了组织者，并被添加到了会议议程中。他们感谢我为会议提供了如此吸引人的内容，并特别感谢我为学校领导们量身定制了演讲内容。

这的确给了我很大鼓舞，但我仍然有些懒。然后，我突然想到：我还可以让算法为我制作幻灯片！我开始感觉自己变得像马克斯·霍金斯一样，准备完全服从算法的安排。我非常兴奋！这是一场20分钟的演讲，我请求算法为我准备10个幻灯片的标题。

制作幻灯片上漂亮的图片花费了我很多的时间：我使用了另一个算法来完成这项任务，只给它提供了幻灯片的标题，没有其他信息。我决定，除了标题，不在幻灯片上添加任何其他文字。

当演讲的那一天到来时，我走上了台。在没有事先告诉任何人的情况下，我进行了一场完全由算法编写和设计的演讲。这非常不容易：虽然生成幻灯片的过程相对轻松，但进行一场引人入胜的演讲则要困难得多。这感觉就像在演示别人的幻灯片：我必须找到一种方式，将所有由算法生成的想法联系起来，我需要为幻灯片增加故事元素，而且——这是最困难的部分——我需要在每一张幻灯片之间创造出流畅的过渡。这10张幻灯片的演讲让我筋疲力尽。

在观众的掌声中，当我看到主持人即将走上台来感谢我的时候，我提到我还有几分钟的时间。我继续进行演讲的第二部分，这部分完全是我的原创。我向吃惊的观众透露，先前展示的10张幻灯片完全是由算法制作的。我引导观众回顾了整个过程，同时解释了现代AI算法的功能。我清楚地记得，我问观众有多少人知道GPT-3，只有一两位校长举手。这并不意外，因此那时，ChatGPT还没有发布。我还记得我要求在座的每一位在会后都去了解更多关于GPT-3的信息。当时我们并不知道，几个月后ChatGPT将彻底改变教育界。

会后，各位校长纷纷写信给我，分享他们的感受和想法。其中一位校长这样写道："虽然AI确实提供了信息，但正是你给它赋予了生命！"这凸显了与算法合作的重要性。另一位校长则表示："真是令人震惊！也许我需要更加智慧地工作。"他可能是在引用我在演讲中提到的"要更聪明地工作，而不仅仅是更努力地工作"。实际上，随着这些技术工具变得越来越先进和强大，它们将使我们能够更加集中精力于真正能让我们凸显出自我的任务和活动。

但是，我会再次重复这个实验吗？如果这次演讲对我来说非常重要，我可能不会这么做。虽然由算法生成的内容质量相当不错，但它缺乏真正的原创性和深度。这些经过重新整理和修饰的想法——这也是许多文本生成算法的常见输出——其实只不过是在填充空白而已，并没有太多的新意。这些内容对于深入讨论和探索主题也没有太多帮助，只是在重复和强化一些已经相当明显和被广泛接受的观点和想法。

那么，我会在未来准备演讲时使用算法吗？答案是肯定的。但我的方法会有所不同。我不会让算法仅仅为我生成10个幻灯片标题，而是会让它为我生成数百个或甚至数千个想法和建议。然后，我会对这些想法进行筛选和评估，混合和重新安排它们，最终找到那些真正有价值和独到见解的点子和想法。我会用这种方式利用算法来满足我的好奇心和求知欲，这样的方法会让我感到更加舒适和满意。

在1962年的作品《未来的轮廓》（*Profiles of the Future*）中，英国科幻大师亚瑟·克拉克（Arthur C. Clarke）阐述了被誉为克拉克三定律的三大观点。其中第三定律广为人知："任何足够先进的技术，均与魔法无异。"第一定律虽不太被外界所熟知，却同样精准："当一位卓越而年迈的科学家坚称某事是可能的，那他们极可能是正确的。而当他们断言某事是不可能的，则他们很可能是错误的。"然而，在这三定律中，我更为推崇克拉克的第二定律："探索可能性边界的唯一方式，是轻微地超越它们，勇闯'不可能'的领域。"这些"未知"的领域，位于"可能"的边缘之外，对激发我们的好奇心具有非凡的推动力——无论在日常生活还是商业领域中都是如此。

那么，我们能否将这种好奇心算法化并予以呈现呢？答案，显然是肯定的。您或许还记得我书中先前提到的好奇心定义——一个源自AI领域的概念：好奇心即"一个代理在预测其行为后果时所产生的误差"。当算法对某个行动的可能结果感到未知时，它便会展现出好奇心。由好奇心驱使，如果算法选择执行这一行动以探索未知的结果，那么这便是好奇心所驱动的行为表现。

没有好奇心的驱动，我们永远都不会走出常规的舒适区。2021年，昆士兰科技大学联合麻省理工学院联合举办了一系列探讨"未来企业属性"的在线研讨会。这里的"未来企业",是我和同事们所创造的术语,旨在探索创新商业模式、新技术应用及未来商业实体(不仅限于企业)的特性。我有幸受邀参加其中一个研讨会,并与麻省理工学院的史蒂文·埃平格(Steven Eppinger)教授共同探讨。埃平格教授主要研究工程和项目管理,而我主要研究计算机科学和管理。在研讨会上,我们重点探讨了好奇心作为未来企业属性的重要性,并分享了在与不同组织合作的过程中,如何培养和锻炼他们的好奇心。

我们发现,成功的组织经常会进行没有明确目的,但充满意义的探索活动。同时,我们也得出了一个结论:即使是少量的创新流程,也能产生巨大的影响——在此过程中,融入设计思维和敏捷性是必要的。此外,我们还强调了持续反思在帮助组织从探索中汲取经验、优化他们的运营方式(包括策略、流程和价值主张)时的重要作用。

我们的核心信息颇为简洁:好奇心是探索未知的源泉,而算法可以作为我们探索未知的有力工具。正如马克斯·霍金斯通过算法引导自己探索未知领域一样,任何组织和个人都可以利用算法探索未知的可能性。这种探索是否能带来更优秀的商业成果或生活体验?这还是一个未知数。但正是这种未知,构成了探索的核心价值。

孩子们天生对世界充满了探索的热情。他们好奇心旺盛,不断提问,通过实践经验不断学习和掌握新技能。是什么激发了他们如此的积极性?并非外在的奖励——在他们眼中,工资、利润、地位和同龄人的看法都还不是他们所关心的。驱使他们前行的,是与生俱来的、内在的动力:好奇心。好奇心使他们能够接触和体验到各种新鲜事物,而这些新的体验可能会对他们以后的生活有所帮助。

我们一次又一次发现:好奇心不仅对个人成长有益,同样也是商业创新和成功的关键因素。实际上,很多初创企业——在商业领域里,他们就如同孩童一般——都是在好奇心的驱使下,基于各种假设进行探索和尝试。他们持续提出问题,对未知领域充满探索的热情,而支持他们的风险投资家则如同慈爱的父母,给予他们在没有利润时期所需的支持和陪伴。像孩子一样,他们不仅会提出问题,还会从经验中学习,学习以后成功所需的新技能。

将经济领域中的算法同样视为受到好奇心驱动的行为，似乎有些反直觉——我们往往认为算法应该总是给出固定且一致的输出结果。计算机科学家通常用"确定性"这个词来描述这种特性：基于特定的输入，算法会准确地输出相对应的结果。但正如本章所揭示的，这种认知是有所偏颇的。事实上，只有部分算法表现出确定性，而更多的算法——特别是本书所关注的那些——实际上融入了一定的随机性，表现出非确定性的行为特点。这种非确定性，在引入和探索新思想时，尤其是在大规模的应用场景中，表现得异常有效和有力。如果算法引入的随机性变化能够带来超出人类思维能力所能达到的优秀结果，那么也许我们之前对于人类提出伟大想法的能力有过高的评估和期待。

本章之前，我引述了一些AI研究者对于好奇心的定义和看法，他们认为好奇心是一种内在的驱动力，用更专业的术语来说，就是"奖励函数"（reward function）。基于这样的理解，研究者们让算法去玩了两款计算机游戏：VizDoom和《超级马里奥兄弟》（Super Mario Bros）。VizDoom是基于Doom（20世纪90年代的第一人称射击类游戏）的一个版本，玩家需要在一个太空基地中导航，同时要抵御怪物的攻击；而VizDoom游戏本身是专为测试AI算法而设计的。《超级马里奥兄弟》是一款平台游戏，玩家要让马里奥尽可能地生存、击败敌人并且收集奖励，通过一系列的关卡。

当好奇心作为算法行为的"驱动力"而被引入游戏时，算法表现出了一些有趣的行为和进展。

在VizDoom游戏中，算法开始探索整个太空基地。它的行动不是毫无目的地行走：它的行动背后有一定的目的性和计划，否则它可能会像一只被困在房间里的苍蝇，不停地在一个地方盲目碰撞。算法为了满足自身的好奇心，探索了整个基地。在这个过程中，游戏没有给算法提供额外的奖励或分数，算法的行动完全是基于好奇心这一内在驱动。

在《超级马里奥兄弟》游戏中，算法也学到了如何通过游戏的某些关卡。它不需要外在的激励就能做到这一点，就像玩VizDoom的算法一样，完全是基于好奇心这一内在驱动力。但是，在游戏的某个阶段，算法遇到了难以解决的问题。那里有一个需要跨越的障碍或坑,只有当玩家精确地按下15到20个特定顺序的键时才能成功过去。由好奇心驱动的算法在这里失败了,因为没有执行驱动,游戏最终结束。

这一故事似乎成了商业世界的一个隐喻。

第九章　勇敢地保持乐观：提高关系饱和度

在2014年，脸书的首席执行官马克·扎克伯格表达了他的一个愿景，他希望为互联网创建一个"拨号音"。也就是说，他想提供一个通用的网络接入点，任何人都可以像接通电话线一样简单地访问互联网。他希望人们可以免费访问一个离线版本的脸书。通过它，他们可以使用一系列基础服务，如接收消息和查看天气预报，并且可以通过它更便捷地连接到互联网。扎克伯格的愿景是让脸书成为一种日常必需工具，成为人们日常网络体验的基础部分。他更远大的目标是：希望全球每一个人都能使用脸书。

就在几个月前，脸书报道，其用户数量已经达到了12.3亿。而在我写这本书的时候，这个数字已经接近30亿，几乎占据了全球40%的人口。如果我们去掉14岁以下不应该使用脸书的儿童，这个比例甚至会达到50%。

不论你对脸书持有何种态度——有很多理由可能让你选择远离它，例如其对用户隐私的忽视、道德指南的缺失，以及缺乏创新的商业模式。但有一点是不可否认的，脸书非常擅长设定和实现宏大的目标。

当一个企业的客户数量如此庞大，以至于潜在的新客户变得稀缺，比如脸书可能很快会面临的情况时，企业该怎么办呢？并不是所有的组织都把全球作为他们的市场，没有全球扩张野心的企业，他们的可达市场可能会小很多。那么，如果这样的企业还想要继续增长，该怎么办？一个可能的策略就是向现有客户提供更多的服务。这种策略在商业中被称为交叉销售（cross-selling）。

算法在交叉销售策略中可以发挥重要作用。算法既不需要睡觉，也不需要长时间的休息和充电，而且它们几乎从不迟到。同时，算法也具有很高的灵活性和便携性，可以在移动电话、汽车、云端或任何你能想象到的设备上运行。这使得掌握这些算法的企业和个人有更多的机会和方式与客户建立联系和互动。

算法赋能技术的普遍存在被科学家们称为泛在计算（Ubiquitous computing），这一概念源自20世纪80年代末。如今，这已成为一种普遍现象。观察周边环境，你会惊讶地发现许多日常物品内都潜藏着微型计算机。你的桌子或床头柜上可能摆放着一个智能扬声器，你的手机可能连接着可控的智能灯泡，还有智能手表，或是控制微波炉和电视的设备，甚至你家的大门可能装有智能门锁，并配有数字键盘显示屏。洗衣机和烟雾报警器内部也装有计算单元，你的门铃也可能内置了微处理器。这些微型计算机能够相互通信，并运行各种算法，就如同智能手机能够运行各类应用程序。

泛在计算也是推动交叉销售的一种策略。我更倾向于将其描述为"注意力饱和度"（attention saturation）。传统的市场策略主要聚焦于市场饱和度（market saturation），即尽量满足大部分客户的需求，这是一种依赖规模的策略。企业会尽可能地吸引更多未被服务的潜在客户，或者选择忽略某些客户群体。而"注意力饱和度"则更为深入，企业会探索更多可能，思考在客户生活的哪些方面能够创造更多价值，或者选择放弃某些领域。

在过去，"注意力饱和度"这样的策略对企业而言几乎是不可思议的奢侈。至少在当前的规模上，实现它几乎是不可能的。无论企业的潜在市场是千人还是十亿人，他们都可以借助算法的强大潜能来"饱和"与客户的互动和关系。

但是，所有企业都应明智地认识到某些不应逾越的界限。让我们通过一个实际案例来探讨企业如何接近这个界限。

数年前，我与昆士兰科技大学的团队曾与一家大型水务企业合作解决一个挑战。这家企业的客户每年只能接收到4次来自企业的信息，即他们每季度收到的水费和污水服务发票。乍一看，这似乎还算可以接受。但实际上，没有人愿意打开发票。当客户主动联系企业时，绝大多数都是因为遇到了问题，如水压过低、水质变差、水管爆裂或污水溢出等，并非为了分享他们的满意度或愉快体验。这些都不是令人欢欣的时刻。

虽然由于地理位置和管网分布的限制，该企业能服务的客户数量有限，但他们认识到自己并没有充分利用现有的客户资源。因此，该企业希望能够创造更多与客户的互动机会，通过增加互动的价值来提升客户的满意度。

我和我的团队组织了一场为期一天的"设计思维工作坊"，该活动聚集了机构员工和昆士兰科技大学的学生，一起来探讨多种创新的商业模式。我们的目标是寻找方法提高与客户的互动频率。我们思考的核心是：如果能够实现每天而非每季度与客户互动，应如何去做？

其中提出的一个解决方案是智能诊断马桶。基于这样一个理念：如果组织能够获取关于客户更多的信息，便可以主动与客户接触，提供更多增值服务。初始想法相对简单：在马桶里安装一个小型传感器来收集使用信息。即便只是收集到基本的使用频率信息，也可能带来有价值的洞见，例如了解居住人数或是否有人在家。虽然这些信息看似不太重要，但理论上，它们可以产生多种用途，如监测老人的活动频率，或估算出租物业的居住人数，但这也让解决方案触碰了某些不宜逾越的界限。

俗话说，一个好主意并不昂贵，实现它的过程才是关键。这个基础概念被昆士兰科技大学的执行MBA学生团队采纳，并对其进行了深入的完善和发展，制定了商业模型，明确了可行的商业策略，形成了具体的商业提案。

他们为智慧马桶公司（Smart Toilet Company）（也称Smart TC，团队投票决定在名字中避免使用"马桶"这个词）所做的商业规划赢得了2016年全球商业挑战赛的冠军。这是一个全球范围内的研究生商业方案竞赛。赢得比赛不仅为他们带来了种子基金，也得到了卫生部门的大力支持，该部门对在特定区域部署此项技术以获取社区健康数据表现出浓厚的兴趣。

遗憾的是，Smart TC并没有成功制造出可以大规模生产的传感器。但是，将算法应用于马桶的概念已经被其他组织所接纳。例如，马桶制造商科勒在2019年推出了一款集成了Alexa智能助手的智能马桶，用户可以在马桶上直接通过Alexa订购卫生纸等物品。此外，源自杜克大学的企业Coprata Inc.正在开发一款能够将人类废弃物用于实验室分析的智能马桶，该马桶还能自动跟踪排便特性。

虽然智能马桶项目还没有完全实施，但我所合作的水务企业确实找到了有效的方法来更充分地利用其市场——设计思维工作坊展示了在算法经济中可能实现的创新和前瞻性思维。

那么，当你无法单独实现你的雄心壮志时，你应该怎么做呢？算法依然可以提供帮助。算法可以将多个组织集成到一个协调的网络中，就像软件应用程序能在组织内部共享数据和运行协调过程一样。

如果你通过某个低价机票网站购买了机票，你可能已经体验过这种自动协调的能力。尽管在购买过程中你可能需要与跟航空企业完全不同的企业进行互动，但会迅速完成购买，并且购买后不久你就可以在航空企业的网站上选择座位和餐饮选项。整个过程的集成非常流畅，即便交易涉及多个组织，也几乎没有明显的延迟。一些人可能还记得过去预订航班的经历，当时通过旅行代理购买机票的过程可能会很慢，有时需要等待几天才能收到确认的机票。然而，算法经济已经彻底改变了这一切。

法则7：最大化客户价值

在算法的世界里，企业有机会通过各种设备如智能手机应用、智能扬声器等，加强与客户的联系和互动。现如今，我的烟雾报警器甚至都能与我进行交流，有时候确实也会这样。比如最近，我家在进行重新装修时，施工队产生的尘埃触发了烟雾报警器，我通过手机接收到了通知。

我们并不期望烟雾报警器行业会过度思考如何加强与消费者的关系。但是，可以想象其他行业的企业可能会利用这样的设备去更加深入地了解和服务消费者。我的烟雾报警器是由谷歌制造的，这表明谷歌正在逐步扩大其在我们生活各个方面的产品线。

每一次与客户的互动都是企业提供更多价值和服务的机会。就我的烟雾报警器而言，我需要下载一个应用程序来设置和监控报警器，这个应用成了进入制造商提供的各种"智能家居"服务的入口。

奈飞首席执行官里德·黑斯廷斯（Reed Hastings）在2018年6月接受《卫报》（The Guardia）采访时表示，奈飞的主要竞争对手并不是HBO、Amazon Video或YouTube。他说："当你看奈飞的节目时，你会上瘾，会为了看节目而熬夜。"他还提到奈飞其实是在与睡眠竞争，甚至在另一次采访中说奈飞还与红酒竞争，因为品尝红酒是人们在一天的疲惫后用来放松的方式之一。

黑斯廷斯的见解揭示了他对客户需求的深刻理解。他明白，人们使用奈飞的主要原因之一是放松和消遣。这种理解不仅可以帮助奈飞更好地了解其用户，优化产品和服务，也能帮助奈飞识别真正的竞争对手。这也是为什么奈飞会将目光投向其他行业，包括游戏、社交网络，甚至酒吧和酿酒厂，探索如何更好地满足客户的放松需求，从而最大化客户价值。

在我主持的一些高级管理教育课程中，我们探讨了滑板公园如何与快餐店竞争，争夺儿童无聊的注意力。如果客户的目标是缓解背痛，那么这就像按摩师可能会与床垫商店竞争一样。

已故的哈佛商学院教授克莱顿·克里斯滕森（Clayton Christensen）开发了"待完成任务"（jobs to be done）的理论。他在快餐店进行了研究，询问了那些购买奶昔的人，他们"雇佣"奶昔是为了什么。他发现，大多数人在面对一个无聊的通勤时，需要他们的手有事可做，同时，他们知道如果不吃或喝点什么，他们很快就会饿。奶昔的"任务"就是成为通勤者的"食物伴侣"，让他们在一段时间内不再感到饥饿。这个研究的结果是，虽然水果、百吉饼和巧克力棒都在与奶昔竞争，但它们对于特定任务并不是好的替代品。这个研究产生的深远影响，让我们认识到产品可能在以我们意想不到的方式满足客户的需求。

当我的孩子向我请求某些东西时，我喜欢运用"待完成任务"的思维进行思考。这是一个有趣的练习。比如，我的12岁儿子经常想让我带他去快餐店，但每一次的"任务"可能都不同。有时，他是饿了，那么在家里做三明治是一个合理的选择。有时，他是无聊了，我们可以选择一起玩游戏。有时，他是想要快餐连锁店里随餐赠送的免费玩具。你可能会认为购买一个更好的玩具是一个替代方案，但事实并非如此——在这种情况下，我会选择等待。

美国实业家亨利·福特（Henry Ford）的一句话常常被引用：如果我问我的客户想要什么，他们会说，他们想要一匹更快的马。这句话意味着客户其实并不真正知道他们想要什么。因此，对企业来说，理解客户的真正需求变得尤为重要。想象一下市场上的客户想买一辆新车：有些人可能是想引起邻居的嫉妒，有些人可能是想更快地到达办公地点，还有些人可能是需要一辆新车用于商务目的。在每种情况下，理想的产品或服务都会有所不同。

这种思维方式为那些试图加深与客户关系的组织提供了巨大的机会，因为它能够帮助他们识别出客户可能需要的其他产品或服务。这正是算法经济的作用：通过实现与客户全天候的连通，为他们提供新的价值创造了诸多可能性。

我们已经知道，算法是迅速的。它们能够让互动几乎在瞬间完成。但如果进一步发展，他们能更迅速地满足客户需求吗？这样的方法有一个名字，被称为"主动服务交付"（proactive service delivery）。提供主动服务的组织被称为"主动组织"（proactive organisations）。那么，它们有什么特别之处呢？它们对客户的了解如此之深，以至于能在需求出现的瞬间就提供相应的产品和服务，通常是在客户自己还未意识到需求之前。

主动服务交付是智能马桶企业成立的目标。这些马桶企业利用其传感器收集的数据来理解用户是否存在任何潜在的健康问题，使企业能够提供预防性健康服务。类似的方法，稍微超越了人和马桶的交互范畴，被称作预测性维护。在设备上安装小型传感器——例如，在矿车引擎上——可以检测到异常的振动，并在问题变得严重之前警告所有者。

部署主动服务肯定会引发重大的隐私问题。当然，我刚刚讨论的两个例子呈现出非常不同的隐私关注点：在马桶里安装传感器看起来比在引擎上安装更具侵入性。但无论在哪种情况下，任何主动方式都必须优先考虑数据隐私。

至此，我已经讨论了算法经济如何帮助企业理解客户需求并主动提供有价值的产品和服务。但这还可以更进一步：企业现在能为客户提供专为其需求定制的产品或服务。

一个极端个性化的例子是企业考虑到每个客户的基因信息。一家成立于

2009年的创业企业InsideTracker，企业为客户提供个性化的营养计划。用其创始人的话说，该企业的使命是通过从内到外优化客户的身体，帮助他们延长寿命和提高生活质量。这是一个崇高的目标，企业背后的团队由遗传学、生物学和衰老科学的专家组成，他们在同行评审的期刊中分享了自己的见解——我们有理由相信他们知道自己在做什么。他们的系统，一个AI"引擎"，基于血液测试、DNA分析和智能手表等活动追踪器的信息，提供饮食和运动建议。每个客户都会看到专为他们定制的建议。

还有另一个被广泛引用的亨利·福特的名言："顾客可以要任何颜色的汽车，只要它是黑色的。"这反映了工业革命的逻辑：机器使得大规模生产成为可能，但每个生产出的产品都是相同的。改变是有成本的，并且与工业化的基本原则相违背。然而，数字革命颠覆了这一点。如今，InsideTracker可以拥有百万客户，每个人都拥有截然不同的营养计划。脸书可以拥有数十亿用户，每个人都能看到一个定制化的时间线。

InsideTracker最近也获得了数百万美元的投资。很多投资者深信，由高速、强大、自治的算法支持的大规模个性化有巨大的潜力。

法则8：构建数字生态系统

苹果通过协调一个包括供应商和制造商在内的复杂生态系统，成为智能手机和电脑的领先制造商。它的手机在加利福尼亚州设计，由中国的合作伙伴富士康制造，使用来自美国、日本、韩国、捷克共和国和蒙古国等国家的部件。制造商和供应商联手生产手机，之后通过全球航运网络进行运输，通过零售网络销售。基于供应链的精心协调，这些手机最终到达顾客手中，他们每年都迫不及待地想要得到新的型号。

当你观察纯数字服务时，你会发现这种协调变得尤为普遍。大型零售网站结合了在线支付服务、先买后付的选项和各种配送方式——所有这些都为顾客提供了统一连贯的体验。还记得我之前在书中提到的全功能（AIO）购物机器人吗？它们可以连接到多个零售网站，以确保你得到想要的产品。

显然，在算法经济中最成功的企业是那些能够协调更广泛生态系统的企业。幸运的是，这种协调的机会并不限于硅谷的创业企业，即使是最传统的行业也可以从中受益。

几年前，我曾与澳大利亚最古老的一家企业合作：一家木材制造企业。该企业擅长提供木材和一些相关设计服务，但它认识到顾客要完成的工作不仅仅是购买木头。它意识到顾客购买的产品只是他们为实现最终目的所需整合的众多部分之一。例如，顾客可能需要给奶奶建造一个小屋。为了实现这个目标，他们需要木材，但也需要更多。一旦企业意识到这一点，它就开始设计自己的协调服务。现在，它可以帮助顾客获得市政审批、找到建筑师，并安排与建造奶奶小屋相关的其他事务。这使企业能够利用其核心能力为顾客创造更多价值。

在算法经济中，其他企业也能够通过构建一个增加价值的合作伙伴和服务网络来为它们的顾客协调价值，从而完成任务。这样，企业可以为顾客创建一个一站式商店，成为一个值得信赖的服务提供商，与顾客建立"黏性"的关系。而且，当企业能够将某些任务外包给其合作伙伴时，它们会变得更加高效。

算法经济的威力在于使与其他企业的这种互动变得更加容易——在许多情况下，这种互动可以完全自动化。

有一种被称为"应用程序编程接口"（API）的技术有助于整合此类业务。大多数软件开发者都把API看作连接一个应用程序与另一个应用程序的方式，但API也可以连接企业。我不是唯一一个意识到API商业潜力的人："API经济"已经是一个术语了。

如今，购买机票的任何人都能从这种数字接口中受益。曾经有一段时间，航空企业在销售机票时相互之间没有联系，因此创建涉及多家航空企业的行程几乎是不可能的，即使是最有经验的旅行代理人也觉得很困难。直到1987年，几家航空企业——包括法国航空、伊比利亚航空、汉莎航空和北欧航空——创建了一个计算机系统，他们将其命名为Amadeus，该系统允许代理人创建这样复杂的"机票联系"。在2019年，即新冠大流行导致航空旅行暂停之前，Amadeus处理了超过6亿个预订——这是所有航空旅行的重要组成部分。这都是因为它在航空企业之间创建了数字接口。

还有其他几个系统也与Amadeus类似。API经济并不创建垄断，而是鼓励企业与其他企业合作，因为额外的整合相对较为容易。说到Amadeus，现在它提供了更多额外的API，例如航空接口（Air API）、酒店接口（Hotel API）、目的地接口（Destination Content API）和旅行接口（Trip API）。从这些名称中就可以看出，Amadeus已经不再仅仅是关于航班的了。

建立一个数字生态系统并不容易，它需要信任：企业需要放弃对其客户的大量控制权。幸运的是，提供商有提供高质量服务的动力——如果他们没有做到这一点，协调者可以很容易地转向竞争对手。在算法经济中，完全自动化这种转变是很有可能的。

法则9：创造一个大胆的未来

回到1971年，一家不显眼的咖啡豆店在西雅图开业。在接下来的10年中，这家企业经历了合适的增长，运营了几家销售咖啡豆的商店。1982年，该企业开设了第五家店，设有一个出售煮好的咖啡的咖啡吧。那年稍晚，一个年轻的纽约人光顾了这家咖啡吧，并被其潜力所吸引。他申请了这家企业的一份工作，并成为其市场总监。一年后，就是这个人，霍华德·舒尔茨（Howard Schultz），前往意大利并深深地爱上了咖啡馆文化。他设想将这种文化引入美国，创建一个供人们交流和建立社区感的中心。现在，你可能已经猜到我谈论的是星巴克，而你可能之前已经听说过舒尔茨的这个故事——他于1986年成为该企业的首席执行官。如今，星巴克在全球运营着超过3万家咖啡店。你很可能会在任何地方看到一家星巴克，这一切都源于一个纽约人的大胆愿景。

2006年，埃隆·马斯克为特斯拉分享了一个宏伟的计划。他写道："特斯拉汽车的总体目标是帮助加速从一个基于挖掘和燃烧碳氢燃料的经济，转向一个基于太阳能电力的经济。"他总结了这个计划："第一，制造一辆高性能的跑车。第二，用这些资金制造一辆价格适中的车。第三，再用这些资金制造一辆更加实惠的车。第四，同时提供零排放的电力发电选择。"要记住，在2006年，特斯拉还只刚刚起步：他们的第一款车，特斯拉Roadster，直到2008年才开始生产。

在分享了他的初步计划10年后，马斯克提出了一个新计划。"第一，制造带有无缝集成电池储存的美观太阳能屋顶。第二，扩展电动汽车产品线，覆盖所有主要的市场细分。第三，通过大量的车辆数据，开发出比人工驾驶安全10倍的自动驾驶技术。第四，当你不使用汽车时，让汽车能够为你赚钱。"马斯克公开了这个计划——你可以在特斯拉的官方网站上找到他的宏伟构想。

一个总体规划，顾名思义，应该是大胆的。但许多商业领袖却不敢公开提出太过前卫的设想。他们感觉没有这种自由。我经常听到这样的反馈。他们会说，还有董事会、股东，甚至员工，他们可能都希望弱化这个愿景，使其显得"更为安全"。马斯克也受到限制，技术的局限性和资金在一定程度上限制了他，但他没有因此而退缩。自马斯克公开他的首个愿景已经过去了15年。截止到2023年7月，特斯拉的预估市值已达8900亿美元。丰田、宝马、大众、福特和通用等竞争对手的市值加在一起还不到5000亿美元。这还不到特斯拉市值的一半。

但也许将特斯拉仅与其他汽车制造商比较并不公平。如果你拥有或驾驶过特斯拉汽车，你就会知道它更像是一台有轮子的计算机，而不仅仅是一辆电脑化的车。如果将特斯拉看作一家技术企业，那么它便是全球市值最大的企业之一——虽然比苹果、字母表（Alphabet，谷歌的母企业）和微软小，但比Meta和IBM大。对于一个20年前还不存在的企业来说，这无疑令人震动。

特斯拉不断推动人们拓宽创新的边界，推动人们展开前瞻性的思考。它并不满足于仅作为一家汽车制造商，而是一直在寻找创新方法来解决全球问题。特斯拉在可再生能源、人工智能和自动驾驶技术方面进行了大量的投入，其目标是通过提供清洁能源和更智能、更安全的交通方式，为构建可持续的未来做出贡献。特斯拉还在探索和开发新技术，如其高速隧道交通项目，这是一个旨在缓解城市交通堵塞的运输隧道网络。特斯拉不仅仅是在预见未来，它还在积极创造未来。

确实，没有实际行动的大胆愿景并没有什么价值。但相反，只有明确了面向未来的愿景时，具体的行动计划才能得以制订和执行。如果你不清楚自己的目标方向在哪里，你就无法保持正确的前行路径。你已经对收入自动化和持续进化有了深入了解，你了解你的客户，也知道如何优化生态系统以满足他们的需求。现在，是时候为未来制定一个大胆的愿景，并坚定地朝着它前进了。正如杰夫·贝佐斯（Jeff Bezos）所说，我们应该对愿景保持坚持态度，而对策略和实施细节保持灵活性。在追求愿景的路上，你可以随时根据实际情况调整和完善你的计划。一个强烈且明确的愿景会指导你做出调整和优化。

算法经济为企业带来了无数新的机会，特别是在规模扩张方面。如果你没能抓住这些增长的机会，那么这可能会成为你的企业成长中的一大遗憾。我们不能让自己局限于现有的市场和客户。

2023年4月5日，特斯拉发布了其"总体规划第三部分"。在此基础上，特斯拉构筑了一个更加宏伟的愿景：致力于为全球带来可持续生活、交通和能源的革命性解决方案。

回溯至45年前，比尔·盖茨因为坚持软件应该被合法购买而引起了轩然大波。在那个时候，很少有人相信软件能够作为一种商品被"业余市场"——普通消费者所购买。硬件当然可以作为商品销售，但软件看起来并不符合这一标准。

在20世纪70年代，很多"业余爱好者"开始接触并尝试使用微型计算机这种新技术。在那个时代，分享文化非常盛行，人们在家用计算机俱乐部等场所交换想法，共享软件。对于大多数这样的业余爱好者来说，软件"像免费啤酒一样"和"像言论自由一样自由"。盖茨当时与他的合作伙伴一起刚刚创建了微软，对这种盛行的分享文化感到不满。他和保罗·艾伦（Paul Allen）在1974年完成了他们的第一款软件Altair BASIC，并聘请了开发者蒙特·大卫杜夫（Monte Davidoff）来协助完成。Altair BASIC在业余爱好者中变得非常受欢迎。但没有人为此付费——毕竟，为何要为可以免费复制的东西付费呢？这导致微软无法实现盈利。因此，比尔写下并发布了《致业余爱好者的公开信》，他在信中指出，如果一个企业投入了大量的努力去创造软件，那么它理应得到相应的回报。

尽管盖茨的观点站得住脚，但业余爱好者们却将他视为"恶人"，他们不喜欢这种商业化的思维方式。尽管那些"努力推动事情发展"的人和那些"试图从中赢利"的人之间存在着分歧，但盖茨最终还是实现了他的目标。我们都知道，这个故事的结局是怎样的：在不到20年的时间里，盖茨建立了一个实际上处于垄断地位的软件帝国，并成为世界上最富有的人。

当时，使盖茨与众不同的，并非他卓越的技术技能。事实上，当时还有一些大企业，例如IBM，它们在软件开发方面肯定是更加出色的。盖茨的竞争优势在于他的愿景——他想为一个充满可能性的新世界打造一个基础。

正如我完成这本书时所观察到的，大规模的AI算法已变得越来越强大。但现今似乎并不像是一个"业余爱好者"的时代。想要创建能够改变整个行业的算法，需要巨额投资。例如，GPT-3在5万亿文本上接受了训练。一个人若要阅读如此之多的文本，即便是每天都坚持阅读16小时，也需要近3000年的时间。当然，实际上没有人需要真正地去阅读所有文本，因为整个过程都是完全自动化的。然而，仅仅是进行一次此类算法的训练，由于所需的计算基础设施，成本就可能高达数百万美元。OpenAI的首席执行官山姆·奥特曼（Sam Altman）透露，训练GPT-4的费用超过了1亿美元。2019年，微软向OpenAI投资了10亿美元。同年，OpenAI从一个非营利性组织转变为一个营利性企业。这是否只是巧合？

考虑到这一点，我开始意识到OpenAI似乎正在做微软多年前所做的事：为其充满野心的未来铺平道路。我是否提到过，微软在2023年承诺再向OpenAI提供数十亿美元投资？

就在本书即将付梓之际，OpenAI的领导层发生了重大调整：奥特曼被公司董事会解雇。解聘原因目前尚不清楚，但有传言称，鉴于算法变得越来越强大，董事会对奥特曼想要发布新产品的速度感到不安。没过几天，微软首席执行官萨提亚·纳德拉（Satya Nadella）宣布，微软已聘请奥特曼与OpenAI联合创始人格雷格·布罗克曼（Greg Brockman）共同领导新的人工智能团队。730多名OpenAI员工签署了一封公开信，威胁会离开公司以回应这一决定。在纳德拉宣布消息的一天后，奥特曼重新担任OpenAI首席执行官，布罗克曼也回到了公司，并重组了董事会。这4天的戏剧性事件表明，变化可以发生得如此之快。当你读到这本书时，人工智能的格局可能会截然不同。这些公司是名副其实的RACERS。

结论：人类的主导地位

当我们读到这本书的结尾时，我们必须再次提醒自己，算法经济的变革力量是多么巨大。在我们现在生活的世界中，众多算法已经超越了人类在某些任务上的能力。这种飞速的变化可能让我们不安，不仅是因为它对我们的工作造成了威胁，还因为它让我们质疑自己在社会中的位置。

自古希腊时代起，算法就已经微妙地支持着人类社会，并且自那时起，它们的影响力就一直在稳步扩大。计算机的出现为算法的发展提供了加速器，打破了之前受到人脑或分析机（Analytical Engine）和雅卡尔织布机（Jacquard loom）这样的机器限制的速度。互联网的出现使算法可以极大地扩展其影响范围，打破了之前仅限于单一计算机或小型计算机网络的局限。人工智能的最新进展为算法带来了发展和演进的可能，超越了之前仅限于人类能设计和编入计算机代码的能力。随着我们意识到现代算法改变商业世界的巨大潜力，我们为其投入了更多的资源，催生了算法经济的崛起。

算法经济的创新之处在于其颠覆了我们生活各个方面的潜力，包括我们的工作方式、沟通方式、决策方式和解决问题的方式。这正在重塑我们的社会，如果不加以管理和控制，可能会导致一些人获益匮浅，而其他人则被抛在后面。

然而，算法经济也带有弥合差异的潜力，如那些存在于不同行业、文化甚至国家之间的差异。通过推动无缝的合作和知识共享，算法有可能为创建一个机会和资源分配更加公平、更具包容性和互联性的世界做出贡献。

在发展中国家，算法以巨大的潜力彻底改变了人们接受教育的方式。像

GPT-4 这样的先进语言模型有可能成为个人导师：它们已经展示了在解释复杂概念方面的强大能力，而且这种能力还有很大的提升空间。如同那些可以在我跑步时监控并在必要时提醒我的家人的数字仆人，它们有可能将健康监测服务带到最偏远的社区。对于农业，算法能够提供精确的建议，帮助小农户优化作物产量并有效管理资源，从而增加他们的收入潜力。

正如我们所见，算法已经开始以一些令人鼓舞的方式改变我们的生活和工作方式，我们也只是刚刚开始理解它们巨大的创新潜力。我们可能会被吸引，希望算法能更深入地融入我们生活和工作的各个方面。尽管我鼓励每个与我合作的组织去思考数字战士的变革潜力，但我们进行这些探索的时候也必须有责任感。算法正在变得越来越复杂，但它们并没有我们最初想象的那样完全自主。它们仍然需要人类的引导和监督；实际上，现在人类的角色比以往任何时候都更加重要。我们有责任确保这些算法朝着建设一个更美好世界的方向发展，而不是引导我们走向一个反乌托邦的未来。

对于一些人来说，这种反乌托邦的未来可能已经悄然到来，特别是当他们的职业和生活被算法深刻影响的时候。要确保这种情况不失控，是整个社会的责任。

而对于其他一些人，一个乌托邦式的未来可能正在展开。例如，OriHime-D 的操作员可能能够分享一些关于算法和机器人潜在赋权能力的见解。这是一个极为复杂的领域。

为了在这个领域中顺利前行，我们都需要花时间去深入理解那些与我们交互的算法，并学习如何更有效地与之合作。在过去的几年里，我深入研究了这个话题，我的思考方式也发生了很大变化，我希望这本书能为你提供有价值的见解，引导你经历一次深刻的自我探索之旅。

当我开始写这本书时，我曾用"反对算法裁决！"这样的话来表达，这反映了英国高中生对算法影响他们生活的不满。这种表达方式很有趣，因为它意味着学生们把算法看作一种有主观意识的实体——这通常是我们认为只有人类才有的特性。作为一个有着软件开发背景的人，我起初对这种看法感到很难理解。在我看来，决定学生命运的不是算法，而是算法背后按照人类意愿执行指令的方式。

结论：人类的主导地位

我错了。虽然算法的运行确实基于人类的指令，但其执行指令的方式引发了一些不可预测的后果，这使得包括算法的创作者在内的许多人感觉这是不公平的。算法已经发展到一定的自主性层次，可以做出创作者未曾预见的决策。这种做法也许可以被看作一种主体性的表现。当然，这种主体性是基于它们的编程和接受的培训数据，而非源于某种内在的意识或愿望。但正如我在本书中所探讨的，算法实际上正成为一种实际的代理，尽管并不十分完美。

现在对我来说已经很清楚，算法经济的影响——无论是正面还是负面——并不仅仅是我们赋予算法的主体性问题。当我们放弃自身的主体性，没有积极参与并监督这个新兴经济时，我们便会错失机会，并且可能带来种种问题。而当我们积极介入并加以控制时，我们便有可能推动积极的变化，塑造一个更加美好的未来。

归根结底，这还是与人类密切相关的话题。

回顾并深思本书的开头部分，我想提供一种能够更好反映我对算法经济乐观看法的表达，并强调人类在此过程中的关键作用。我不指望有学生会在伦敦大史密斯街20号大声宣读这些话——它们可能缺乏吸引力——但我希望这些话能够有效传达出此刻最为重要的信息：我们应该充分发挥自身的人类优势，而非向算法的不断扩张的统治地位屈服，应该努力确保与正在改变我们世界的算法之间建立和谐的合作关系。我们的未来依赖于这种积极参与。

不要排斥算法。

致　谢

这本书几乎耗费了 6 年的时间才完成。回溯至 2018 年，在世界科学节上发表关于算法经济的演讲时，我便萌发了撰写此书的念头。我的演讲在一个宽敞的帐篷内进行，与你在德国啤酒节所见的氛围无异。观众们一边享用啤酒和小食，一边兴致勃勃地聆听着关于算法代理的介绍。我意识到，我需要撰写一本关于数字助手的书。但如何着手呢？我以前从未写过书。

我原本以为写书将是一段孤独的征程。在我想象中，我会有那么一天坐下来开始创作——然后日复一日，直到完成这本书，就像塔勒布所描述的火鸡一样日复一日地做出相似的动作。但现实并非如此。我不断陷入创作的漩涡，反复地撰写和修改章节。内容难以成形，结构也难以稳固。我知道怎样写出引人入胜的几页内容，但要写出数百页同样精彩的内容，我便毫无头绪。

为了打破这一僵局，我开始研究成功作家的工作方法，并抓住一切机会学习。记得 2019 年的一个寒冷冬夜，我偶然遇见了一位我非常尊敬的作家——雷切尔·博茨曼，我刚刚读完她的书，恰巧我们乘坐同一辆班车前往达沃斯参加世界经济论坛。她可能认为我有些疯狂，因为我一直在询问她的写作过程，而非当年论坛的热门话题。通过我们的交谈，我学到一个重要准则：想要写作，我必须为此腾出时间。但我想，在班车上追问作家并非学习写作技巧的高效方式，肯定有更简单的途径。

幸运的是，许多作者都会在书的末尾分享他们的写作过程。致谢部分通常揭示了有效的方法，有时还会提到他们无效的尝试。因此，我开始阅读其他书的末几节，有时甚至会先暂时放下书的其他部分以便以后阅读。

致　谢

正是在那时，我意识到写作不仅仅是关于过程。这部分相对简单：大多数作家确实会每天坐下来写作——虽然听起来容易，做起来却困难重重！还有一个关键的因素是人。尽管书的封面上通常只有一两个名字，但伟大的作品背后通常有一个庞大的团队。当我领悟到这一点时，一切都开始改变。我开始主动去联系人。

当我还在构思作品时，昆士兰作家中心的韦尼·阿尔曼诺（Veny Armanno）教会了我如何从微观（即几页长的短篇故事）转向宏观（整本书的结构）。保拉·杜特森（Paula Dootson）耐心地阅读了我最初几个章节的多个版本，坦率地说，早期的版本很糟糕，但她给予了我充分的鼓励。迈克尔·罗斯曼（Michael Rosemann）对你在这本书中看到的许多观点产生了影响——尤其是他的"物的经济"（economy of things）概念，启发我认识到算法可以成为经济主体。他还开发了第一组创新透镜，这在第一章中提到过。

2022年，我休了几个月的长假，专注于这本书的写作。我很快联系到了深谙图书行业的凯特·埃尔瑟姆（Kate Eltham）。她慷慨地分享了关于写作和出版的工作流程，耐心地引导我理解所有基础知识，包括作者可以采用的各种出版策略。她甚至帮我制定了我的优先事项和期望。

在接下来的几个月里，凯丝·沃尔特斯（Kath Walters）教会了我如何在写作过程中避免陷入僵局。她的方法与软件开发人员编写代码的方式类似，这让我感到非常熟悉。对于阅读这部分的极客们来说：我遵循了敏捷原则。冲刺、每日站立会议、用户故事、看板，甚至番茄工作法，我都尝试运用了。

还有我的"写作问责小组"。简·兰戈夫（Jane Langof）、保罗·阿特金斯（Paul Atkins）、罗伯·克劳（Rob Crowe）和我在我们的小组中共同度过了许多时间，我们定期在虚拟的Zoom房间里会面，从澳大利亚不同城市加入写作。在新冠疫情封锁期间，这成为我们唯一可行的方式。我们小组中的某个成员——我不会透露是谁——有时会在写作时打盹。想到在屏幕上看到他们打瞌睡的情景，我至今仍然会忍俊不禁。我们还没有机会面对面相见，但我相信终有一天我们会见面的。

托比·沃尔什（Toby Walsh）的书教会我如何有趣地介绍学术话题。我遇到托比是在遇见雷切尔·博茨曼（Rachel Botsman）两天之前。不是在达沃斯，而是在慕尼黑的DLD（Digital-Life-Design，数字生活设计）会议上，我每年都可以在那里对我的创意进行补充和储备。DLD社区是独一无二的。一年后，当我告诉托比我正在写一本书时，他把我介绍给了他的代理人——玛格丽特·吉（Margaret Gee，下文简称玛格）。玛格同意阅读我的初稿，并很快决定做我的代理人。后来我才意识到，我是多么幸运：玛格是澳大利亚最优秀的代理人之一。

玛格将我介绍给了我的澳大利亚出版商Black Inc./La Trobe University出版社。与Black Inc.的团队合作犹如同第二个家庭相处般亲切。特别是凯特·哈奇（Kate Hatch），从最初的草稿到现在的成书，她像工匠一样细心地打磨每个文字、句子和段落。我之前也与编辑合作过，但从未与像凯特这样优秀的人合作过。她把我笔下的半生不熟的句子转化成流畅的叙述。她还核实了书中许多部分的事实，为阅读关于算法的资料投入了远超一般编辑的时间。我特别欣赏我们通过电子邮件和手稿的评论交流。她是那个不可或缺的客观声音，既帮我识别哪些部分需要改进，又在我对其他部分感觉不对时给予安慰。书中剩余的错误都是我个人的责任。

我对每一位阅读初稿并提供反馈的人深表感激，以及那些在我写作期间与我讨论概念的人。马里奥·赫尔格（Mario Herger）是我所知的阅读速度最快的人，他甚至纠正了一些注释。西蒙·戴尔和托比亚斯·兰格提出了本书与其他书的不同之处，这在最后一轮编辑中对我极有帮助。彼得·汤森（Peter Townson）总是帮我找到更好的方式来组织和表达我的想法。昆士兰科技大学的其他同事帮助我进一步完善了这些想法：凯文·德苏萨（Kevin Desouza）、厄温·菲尔特（Erwin Fielt）、纳丁·奥斯特恩（Nadine Ostern）、切尔西·菲利普斯（Chelsea Phillips）、马尔米·阿马杜鲁（Malmi Amadoru）和瓦萨纳·班达拉（Wasana Bandara）。我还有幸与慕尼黑工业大学的一些同事一起合作，共同形成了这本书的思想，他们分别是：约尔格·韦金（Jörg Weking）、迈克尔·韦伯（Michael Weber）、玛丽亚·斯托克－斯塔夫林格（Maria Stöcker-Stafflinger）等。还有许多人可能并没有意识到，仅仅通过与我闲谈就帮助了我完成这本书：伊万诺·邦乔万尼（Ivano Bongiovanni）、弗里德里希·查辛（Friedrich Chasin）（他与我一同在访问沃特金斯钢铁公司时经受了酷暑）、戴纳·威廉姆森（Dayna Williamson）（她选择不在名片上加上"toilet"这个词）、西蒙·麦基 (Simon McKee)、蒙蒂·沃克 (Monte Walker)、斯特凡·哈伊科维奇 (Stefan Hajkowicz)、吉玛·阿克 (Gemma Alker) 和乔迪·帕廷森 (Jodie Pattinson)。保罗·库尔奇纳 (Paul Kurchina) 不断地询问我："书什么时候出版？"这既给我带来了适当的压力，也给了我友好的支持。

重要的是，如果没有我家人的持续支持，这本书是不可能完成的。我的妻子安妮塔对我每次走进"男人洞"（我们家底下一个小而无窗的空间，曾是储存园艺工具的地方，后来变成了我的写作角落）并在那里待上数小时，总是表现出惊人的耐心。我的孩子菲利普和佐菲亚一直在为我加油，尽管他们因为我以脏话作为本书的开头而对我颇有微词。在很多方面，我是为他们写这本书的，我无法用言语表达我对他们耐心等待和支持的感激之情。

最后，如果没有我的父母，这本书也不会存在。早在 1985 年，当我还是一个孩子时，在冷战时期的波兰，他们设法为我和我的弟弟买到了我们的第一台电脑，一台 Atari 800XL。我仍然记得我们第一次打开它的情景。那是我第一次看到一个算法按照我的指令行动。

屏幕左上角有 5 个字母，以及 1 块光标：

```
READY
■
```

我输入了：

```
10 PRINT "HELLO WORLD"
RUN
```

紧接着我的第一个数字仆人回应道：

```
HELLO WORLD
```